DER AMERIKANISCHE BÜRGERKRIEG 1861–1865

Mine eyes have seen
the glory of the coming of the Lord:
He is trampling out the vintage
where the grapes of wrath are stored;
He hath loosed the fateful lightning
of His terrible swift sword:
His truth is marching on.
Glory! Glory Hallelujah!
His truth is marching on.

Julia Ward Howe,
„The Battle Hymn of the Republic", 1861

Mein Auge sah die Ankunft
uns'res Herrn in ihrem Ruhm:
Er stampfet aus den Trog,
in dem des Zornes Früchte ruh'n;
Schon blitzt sein schrecklich schnelles Schwert,
künd't Unheil bösem Tun:
Seine Wahrheit marschiert immer zu.
Glory! Glory hallelujah!
Seine Wahrheit marschiert immer zu.

Übersetzung: M. Junkelmann

Marcus Junkelmann

DER AMERIKANISCHE BÜRGERKRIEG 1861–1865

Weltbild Verlag

Meinen amerikanischen Freunden Harry und
Mary Bauserman

Vordere Umschlagseite:
Präsident des Nordens: Abraham Lincoln
Typische Uniform eines Kavalleristen aus den Nordstaaten
Miliz aus Virginia (Valentine Museum, Richmond, Va.)
Präsident des Südens: Jefferson Davis (1808 - 1889)
Die Uniformfarbe des Südens war hellgrau
Hintere Umschlagseite:
Lees Veteranen als Gefangene (National Archives)
Eisenbahngeschütz der Union (National Archives)
Fort Sumter (Museum of the Confederacy, Richmond)

Genehmigte Lizenzausgabe für
Weltbild Verlag GmbH, Augsburg 1992

Gestaltung: Heinz von Arx, Zürich
Karten und grafische Darstellungen:
Dr. Nikolaus Grohmann, München
Lithos: ReproScan AG, Zürich
Umschlaggestaltung: Peter Engel, München
Gesamtherstellung: Graficas Estella S.A.
Printed in Spain
ISBN 3-89350-355-2

INHALT

EIN FERNER SPIEGEL

Bilder sind es, die unsere Vorstellung von den Menschen und Verhältnissen vergangener Zeiten in viel höherem Maße prägen als das geschriebene Wort. Griechen, Römer, Ritter, Landsknechte, sie erstehen alle vor unserem geistigen Auge im typischen Medium ihrer Epoche, im Vasenbild, im Marmorrelief, in der Miniatur, im Holzschnitt, also gebrochen durch das Stilwollen und das künstlerische Vermögen der jeweiligen Zeit.

Die Mitte des 19. Jahrhunderts sah die umwälzendste Neuerung in der Geschichte der bildlichen Überlieferung: die Anfänge des Photographierens. Ohne leugnen zu wollen, daß das neue Medium keinesfalls von absichtlichen und unabsichtlichen Manipulationen unabhängig war und ist, eignet ihm doch eine Aura des Objektiven, Realen, Authentischen wie keiner anderen Art der bildlichen Dokumentation. Wir werden zu Zeitgenossen des Geschehenen, die Gesichter verlorener Generationen blicken uns an, ohne daß der Stift oder Pinsel und damit die Persönlichkeit eines Künstlers vermittelnd dazwischenträte. Auge in Auge stehen wir dem Gegenstand aller Geschichte, dem handelnden und leidenden Menschen gegenüber, spüren das Individuelle und das Typische, das Verbindende und das Trennende. Das Photo ist geronnene Zeit, ein kleiner, vergeblicher Sieg über die Vergänglichkeit.

Der amerikanische Bürgerkrieg war das erste große historische Ereignis, das in allen seinen Aspekten photographisch festgehalten wurde. Zwar hatte Roger Fenton schon einige Jahre zuvor im Krimkrieg eine Reihe vorzüglicher Photographien gemacht, aber sie bildeten noch keine umfassende Dokumentation des ganzen Krieges. Erst aus dem Bürgerkrieg besitzen wir Zehntausende von Photographien, die uns die Helden des großen Dramas zeigen, die berühmten wie die namenlosen, vergessenen, die Schauplätze der friedlichen und kriegerischen Geschehnisse, die Städte, die Lager, die Schiffe, die Waffen, die Opfer, die Verwüstungen. Zeitgenössische Photographien werden daher den Schwerpunkt der für dieses Buch ausgewählten Bebilderung darstellen.

Es ist das Verdienst einiger weniger unternehmungslustiger Photopioniere gewesen, daß der Bürgerkrieg in solchem Umfang in der neuen Technik festgehalten wurde. Sieht man von den auf Bestellung angefertigten Porträtaufnahmen ab, war der kommerzielle Anreiz, mit großem Aufwand und Risiko Kriegsphotographien herzustellen, verhältnismäßig gering, denn es sollte noch Jahrzehnte dauern, bis man über die technischen Mittel verfügte, diese Bilder im Druck zu reproduzieren und so mehr als einer kleinen Schar von Galeriebesuchern zugänglich zu machen. Es scheint eine Art historischen Sendungsbewußtseins gewesen zu sein, was Männer wie Matthew Brady, Alexander Gardner, Timothy O'Sullivan und George N. Barnard dazu brachte, mit ihrer Apparatur den Armeen zu folgen und so viel wie nur möglich von den großen Ereignissen, die vor ihren Augen abliefen, für die Nachwelt festzuhalten.

Der deutliche Vorsprung, den der Norden in allen technischen Dingen vor dem Süden hatte, spiegelt sich auch im Umfang des photographischen Materials, das wir von beiden Seiten besitzen. Den Vorkriegssüden, seine Städte, seine Herrenhäuser, seine Skla-

Die Gesichter verlorener Generationen: Ein Südstaatler von der 33. Tennessee-Infanterie nimmt Abschied. (Herb Peck Jr.)

Geronnene Zeit: Nordstaatler vom IX. Armeekorps schiffen sich im Februar 1863 bei Aquia Creek in Virginia ein. Aufnahme von Alexander Gardner. (Library of Congress)

Der Kriegsphotograph an der Arbeit: George N. Barnard oder einer seiner Assistenten (rechts) nimmt im Herbst 1863 einen Unionsinfanteristen auf der Eisenbahnbrücke über den Holston bei Strawberry Plains in Tennessee auf. (Library of Congress)

Der berühmteste aller Bürgerkriegsphotographen und einige seiner Mitarbeiter: Matthew Brady (2. v.r., im Profil mit dunklem Hut) bei Berlin in Maryland, 28. Oktober 1862. Die umfangreiche Ausrüstung wurde auf dem Planwagen mitgeführt. Rechts sind einige der empfindlichen Glasplatten zu erkennen. Die meisten der unter Bradys Namen laufenden Kriegsaufnahmen stammen übrigens tatsächlich von seinen Assistenten.
(Kean Archives)

Die Konkurrenz mit dem Zeichenstift: Alfred Waud, Bildkorrespondent des *Harper's Weekly* auf dem Schlachtfeld von Gettysburg, Anfang Juli 1863. Aufnahme von Timothy O'Sullivan. (Library of Congress)

venhütten und Baumwollfelder kennen wir fast nur von den Aufnahmen, die Yankeephotographen nach 1861 in besetzten Gebieten gemacht haben. Vor dem Abmarsch in den Krieg wurden zwar auch viele Soldaten des Südens vom örtlichen Photographen porträtiert, im Feld aber gab es dann so gut wie ausschließlich Aufnahmeteams des Gegners, die die Konföderierten selten anders denn als Gefangene oder Tote vor die Linse bekamen.

Die Photographien der Bürgerkriegsära zerfallen in zwei Gruppen: die Studioaufnahmen – meist Porträts – und die im Freien entstandenen Bilder von Gebäuden, Landschaften, Truppen, Stellungen. Nichts entging der Neugier und Dokumentationswut dieser frühen Photographen, nur eines vermochten sie noch nicht, nämlich stark bewegte Szenen, „action", auf ihre Glasplatten zu bannen. Dazu waren die Kameras und die sonstige Ausrüstung viel zu schwerfällig und empfindlich und die Belichtungszeiten zu lang.

Diese Lücke schlossen die Bildberichterstatter der großen Zeitschriften mit herkömmlichen Mitteln, mit Bleistift, Feder und Pinsel. Sie begleiteten die Armeen, zeichneten, was sie sahen, und schickten die Skizzen an ihre Verlage, wo sie dann in Holzstiche umgesetzt und gedruckt wurden. In dieser Form erlebten die daheimgebliebenen Zeitgenossen den Bürgerkrieg mit, denn die Photos konnte man damals, wie gesagt, noch nicht reproduzieren. Glücklicherweise sind in vielen Fällen die den Holzstichen zugrundeliegenden Originalskizzen erhalten geblieben, die noch den Hauch des unmittelbar Erlebten atmen.

Auch hier überwiegt bei weitem das von Nordstaatlern wie Alfred und William Waud, Edwin Forbes und Winslow Homer geschaffene Material, da der Süden keine großen illustrierten Zeitschriften besaß, die *Harper's Weekly* oder *Frank Leslie's Illustrated Newspaper* im Norden entsprochen hätten. Der einzige bedeutende Bildreporter, der regelmäßig von den konföderierten Armeen berichtete, war Frank Vizetelly, ein mit dem Süden sympathisierender Engländer, der für die *London Illustrated News* arbeitete.

Da die Zeitschriften nur Schwarzweißmaterial gebrauchen konnten, haben diese Künstler sehr wenig an farbigen Bildern hinterlassen. Die Masse der Ölgemälde ist erst Jahre und Jahrzehnte nach dem Krieg von in- und ausländischen Historienmalern geschaffen worden. Da im vorliegenden Buch nur im strengen Sinne authentisches Bildmaterial verwendet werden sollte, ist auf diese späten Werke verzichtet worden.

Zwei bedeutende Künstler haben jedoch bereits während des Krieges als Augenzeugen in Farbe gearbeitet. Der eine war der junge Winslow Homer, der sich als Bildberichterstatter bei den Unionsarmeen aufhielt und der einer der größten Maler Amerikas werden sollte. Der andere, Conrad Wise Chapman, war aus Rom herangeeilt, um in der Armee seiner heimatlichen Südstaaten zu dienen. Er hat vor allem eine Reihe von Ansichten des Hafens von Charleston während dessen zweijähriger Belagerung gemalt.

Die Photographen und noch mehr ihre zeichnenden und malenden Kollegen widmeten sich mit Vorliebe dem Außergewöhnlichen und Dramatischen, das heißt, sie hielten in erster Linie die militärischen Ereignisse fest. Aber auch für die abstrakteren politischen und sozialen Vorgänge findet sich anschauliches zeitgenössisches Bildmaterial in Form der Karikaturen. Zwar haben die Vereinigten Staaten vor Thomas Nast, der während des Krieges als junger Mann zu zeichnen begann und den Lincoln als den besten Werbesergeanten der Union bezeichnete, keinen bedeutenden Karikaturisten hervorgebracht, aber auch die Werke seiner weniger niveauvollen Kollegen gaben den widerstreitenden Ansichten recht plastischen Ausdruck.

Wie der Krieg zu Hause erschien: links die von Alfred Waud an Ort und Stelle gezeichnete Skizze, rechts der sehr getreu nach dieser Vorlage entstandene Holzstich in *Harper's Weekly.* Dargestellt ist der „Schlammfeldzug" des Unionsgenerals Burnside in Virginia, der in Regen und Morast steckenblieb. Die Zeichnung ist beschriftet: „Winterkriegsführung. Die Potomac-Armee auf dem Marsch. Gezeichnet in der Nähe von Falmouth – 21. Januar [1863]." (Library of Congress)

Amerikas bedeutendster Karikaturist spitzt seinen Bleistift: ein Selbstporträt des in Landau in der Pfalz geborenen Thomas Nast aus dem Jahre 1876. Nast, der in der Nachkriegszeit als Karikaturist des *Harper's Weekly* großen politischen Einfluß ausübte, war ein entschiedener Parteigänger der Nordstaaten und des radikalen Flügels der Republikaner. Der Zahnarzt Adalbert Volck, der einzige bemerkenswerte Karikaturist auf seiten der Südstaatler, stammte gleichfalls aus Deutschland.

DER WELT BESTE HOFFNUNG

Es haben sich erstaunlich wenige photographische Ansichten New Yorks aus der Zeit vor 1860 erhalten. Eine der ersten stammt aus dem Jahre 1857 und zeigt den Union Square mit dem monumentalen Reiterstandbild George Washingtons.

Als das Photo entstand, war es 68 Jahre her, daß der Nationalheld aus dem Revolutionskrieg in der provisorischen Hauptstadt New York als erster Präsident seinen Amtseid abgelegt hatte. Zwei Jahre zuvor, 1787, war die Verfassung der Republik ausgearbeitet worden, und wiederum elf Jahre davor, am 4. Juli 1776, hatten die 13 Kolonien an der nordamerikanischen Atlantikküste ihre Unabhängigkeit vom englischen Mutterland erklärt.

Es war ein junges Land, aber eine alte Demokratie. Kein Staat der Erde besaß schon so lange eine geschriebene Verfassung, die immer noch Gültigkeit hatte und das Leben einer großen Nation im freien Spiel der Kräfte regelte. Die amerikanische Republik war ein demokratisches Experiment, ein Modell, „der Welt beste Hoffnung", wie Thomas Jefferson, der dritte Präsident, sein Land enthusiastisch genannt hatte.

Weitab von den europäischen Machtkämpfen und unbelastet von überkommenen Strukturen, konnten sich die Vereinigten Staaten als ein Volk von Individualisten ungestört entwickeln und alle Energien auf den Ausbau der Wirtschaft und die Erschließung der riesigen unberührten Gebiete an ihrer Westgrenze verwenden. Einwandererströme ließen die Bevölkerung sich rasch vervielfachen. 1790, zu Beginn der Präsidentschaft George Washingtons, gab es knapp vier Millionen Amerikaner, 1820 waren es fast zehn Millionen, wieder 30 Jahre später, 1850, über 23 Millionen, und 1860, am Vorabend des Bürgerkrieges, wurden im Census dieses Jahres genau 31 443 321 Amerikaner gezählt.

Um die Mitte des 19. Jahrhunderts hatte die Einwanderung noch nie gekannte Ausmaße angenommen. Wirtschaftskrisen, Hungersnöte und – in weit geringerem Maße – politische Verfolgung in Europa waren die Ursachen. Die Mehrzahl der Neuankömmlinge stammte nicht mehr, wie im 17. und 18. Jahrhundert, aus England und Schottland, sondern aus Irland, Deutschland und Skandinavien. Süd- und osteuropäische Länder spielten dagegen noch keine Rolle. Die Masse der meist völlig mittellosen irischen Einwanderer blieb als Tagelöhner in den großen Städten des Ostens, in denen sie an Land gegangen waren, während die Deutschen und Skandinavier zum überwiegenden Teil in den Nordwesten – den heutigen Mittelwesten – gingen und sich als Farmer niederließen.

Der Durchschnittsamerikaner lebte 1860 noch in einer ländlich geprägten Umgebung, wenn auch nur 40% der Bevölkerung Farmer und Landarbeiter im engeren Sinne waren. Nicht mehr als ein Sechstel bewohnte Städte mit über 8000 Menschen. Trotzdem war ein Zug zur Verstädterung unverkennbar, vor allem in den Nordost- und Mittelatlantikstaaten. Das Bevölkerungswachstum der Städte übertraf den Landesdurchschnitt um mehr als das Doppelte, im größten Ballungsgebiet, New York-Brooklyn, lebten bereits über eine Million Menschen.

Ein junges Land, aber eine alte Demokratie: das Washington-Denkmal auf dem New Yorker Union Square im Jahre 1857. Aufnahme von H.H. Snelling.
(Mrs. Joseph Carson, Philadelphia, Pa.)

Das Amerika der Farmen und Landstädte: der Marktplatz von Carlisle, Pennsylvania, im Jahre 1862. (Library of Congress)

Das Amerika der großen Handelsstädte: Boston im Jahre 1860. Am 13. Oktober stieg der Photograph J.W. Black mit einem von Professor Samuel A. King gesteuerten Ballon auf und schoß diese Luftaufnahme, die erste, die es von einer amerikanischen Stadt gibt. (U.S. Air Force)

Bereits vor dem Bürgerkrieg eine der geschäftigsten Straßen der Welt: New Yorks Broadway im Jahre 1860. (U.S. Army Military History Institute, Carlisle Barracks, Pa.)

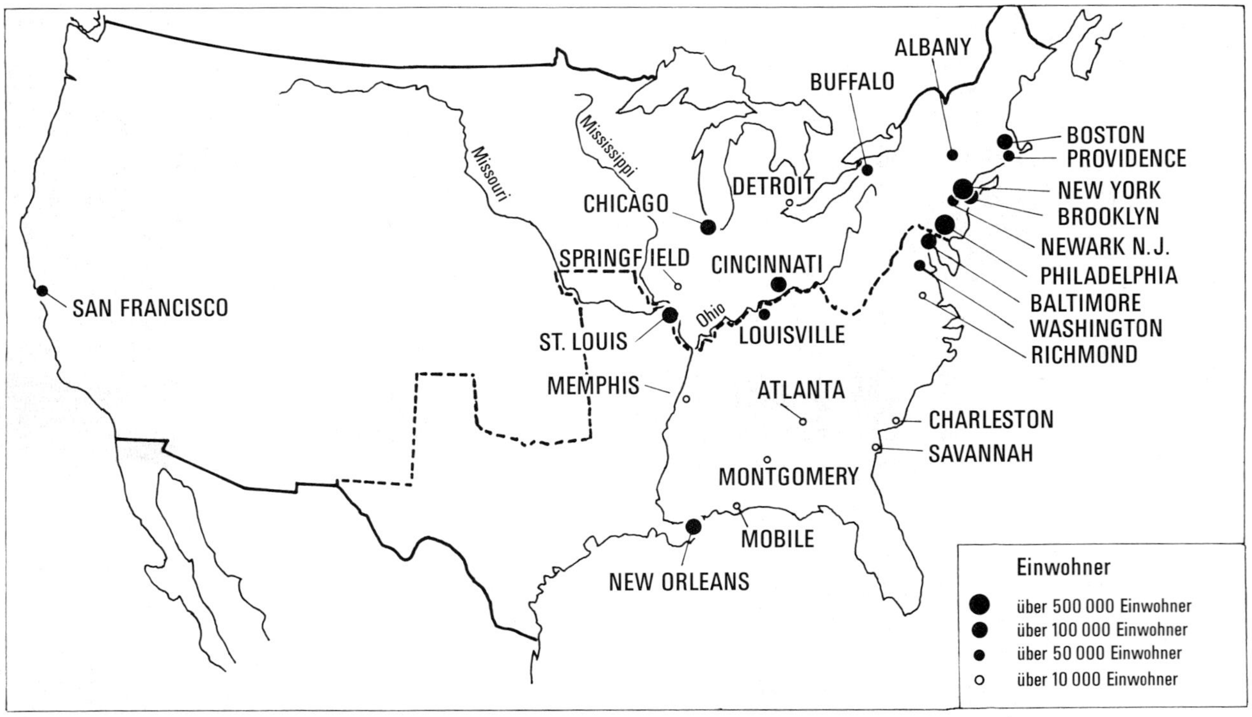

Die großen Städte der USA im Jahre 1860. Die gestrichelte Linie bedeutet die Grenze zwischen den Staaten mit und ohne Sklavenhaltung. Es sind alle Städte über 50 000 Einwohner eingetragen, von denen zwischen 10 000 und 50 000 der Übersichtlichkeit halber nur solche, die im Text eine Rolle spielen. Es gab von diesen im Süden 13, im Norden 61.

PHOTOGR

HANDS
For Washington D.C.
GEORGETOWN & ALEXANDRIA

Die größten und schnellsten Handelsschiffe der Welt: die Docks am Ende der Wall Street von New York. Aufnahme aus dem Jahre 1855. (New York Historical Society)

Kleine saubere Betriebe: die Nähmaschinenfabrik von „Brown and Sharpe" in Providence, Rhode Island, auf einer Aufnahme der 1860er Jahre. Es handelt sich um ein verhältnismäßig großes Unternehmen, denn die durchschnittliche amerikanische Fabrik hatte 1860 nur 10 Beschäftigte. (Brown and Sharpe Manufacturing Co., Providence, R.I.)

Wo die Baumwolle des Südens verarbeitet wurde: Textilfabrik in Neuengland, um 1860. (U.S. Army Military History Institute, Carlisle Barracks, Pa.)

Wie die Verstädterung hat auch die Industrialisierung vornehmlich den Nordosten erfaßt. Der Schiffsbau hatte in diesen Staaten eine alte Tradition. Um die Jahrhundertmitte bauten die Amerikaner die größten und schnellsten Segelschiffe, die es je gegeben hat, und waren dabei, die Tonnage der englischen Handelsschiffahrt zu übertrumpfen. Dann aber stellte sich ein schwerer Rückschlag ein. Obwohl das Dampfschiff eine Erfindung der Amerikaner war, versäumten sie es, im Gegensatz zu den Engländern, ihre Hochseeschiffe rechtzeitig auf die neue Technik umzurüsten. Erst während des Ersten Weltkrieges erreichte die Tonnage der amerikanischen Handelsschiffahrt wieder den Stand von 1855.

Die meisten anderen Industriezweige waren jedoch, begünstigt durch Schutzzölle, in stetigem Aufschwung begriffen. Die Schwerindustrie war noch von untergeordneter Bedeutung, nur in Pennsylvania spielten Eisen und Kohle schon eine große Rolle. Zwei Drittel des Eisen- und Stahlbedarfs, darunter auch der größte Teil der Eisenbahnschienen, wurde noch 1860 aus England importiert. Nicht rauchende Schornsteine, sondern kleine, saubere, vornehmlich mit Wasserkraft arbeitende Betriebe, häufig auf dem Land und in kleinen Städten gelegen, waren typisch für die Yankeeindustrie vor dem Bürgerkrieg. Man stellte in diesen Fabriken spezialisierte Produkte wie Nähmaschinen, Erntemaschinen, Uhren, vor allem aber Textilien her. Der ungeheure Aufschwung der baumwollverarbeitenden Industrie in Massachusetts und den anderen Neuenglandstaaten verlief in Parallele mit dem explosionsartigen Ansteigen der Baumwollproduktion in den Südstaaten in der ersten Hälfte des 19. Jahrhunderts.

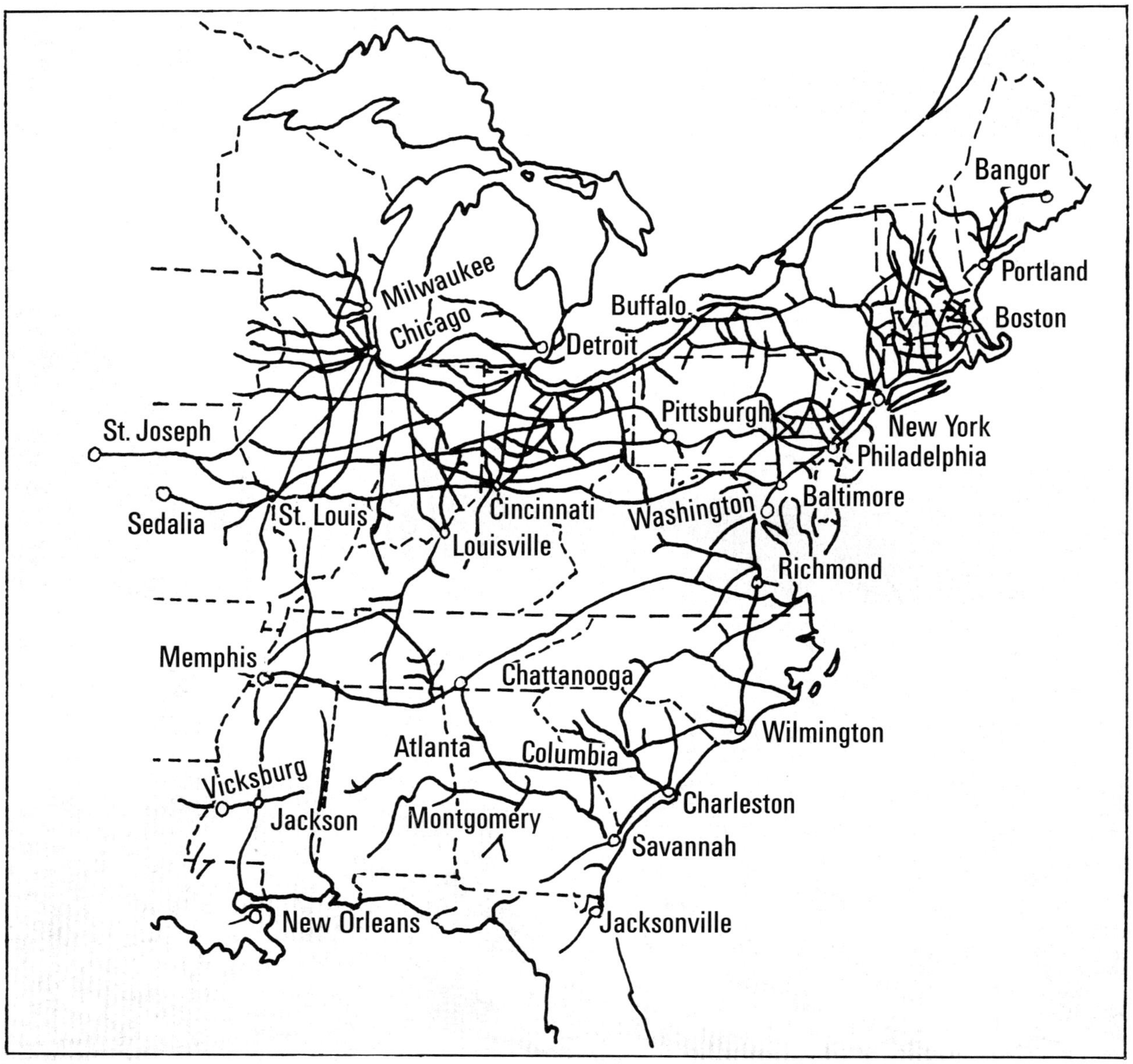

Das Eisenbahnnetz der USA im Jahre 1860.

Der aufstrebende Nordwesten: Cincinnati, Ohio, im Jahre 1840. Die von Charles Fontayne und W.S. Porter gemachte Daguerreotypie ist Teil eines aus acht Bildern bestehenden großen Panoramas, das über 60 Dampfboote am Ohioufer vertäut zeigt. (Public Library of Cincinnati and Hamilton County)

Der Ausbau der Verkehrswege: Zuerst kam das Schiff. Zwischen 1852 und 1855 wurde in Michigan der Kanal gebaut, der den Oberen See mit dem Huron-See verband und der Ausbeutung neu gefundener Eisen- und Kupferlager diente. (Burton Historical Collection, Detroit Public Library)

Dann kam die Eisenbahn: die von John Augustus Roebling 1855 erbaute Hängebrücke über den Niagara kurz nach ihrer Fertigstellung. Das untere Stockwerk der Brücke war für Pferdefuhrwerke bestimmt. Im Hintergrund die Niagarafälle, schon damals eine große Attraktion für Touristen. (Pennsylvania Central)

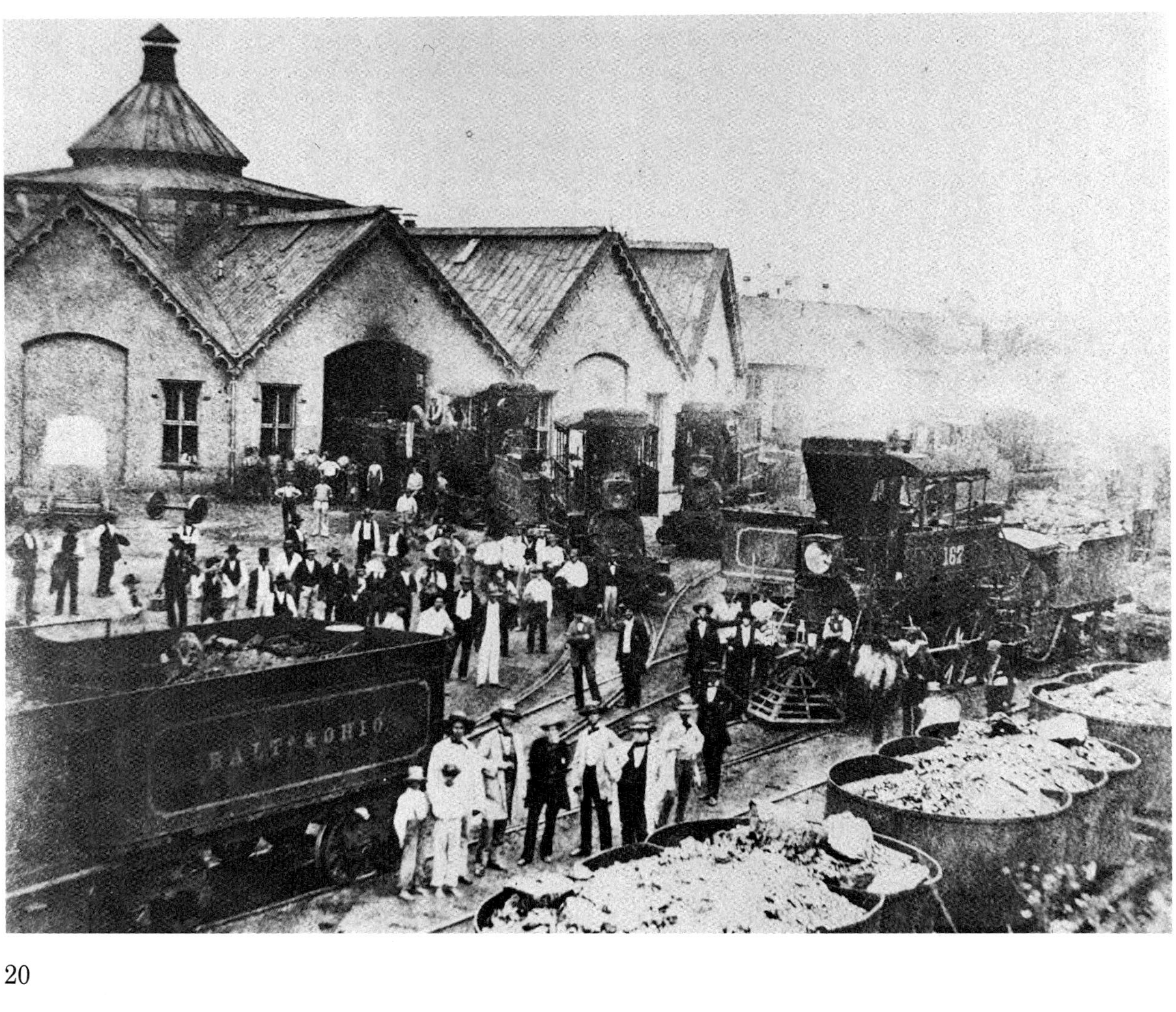

Motor der Industrialisierung: Lokomotivschuppen der Baltimore & Ohio-Bahn in Martinsburg, Virginia. Im Vordergrund ein Kohlentransport. Die Eisenbahnlinien wurden ohne Koordination von privaten Gesellschaften gebaut. Um der Konkurrenz die Benutzung der eigenen Strecken unmöglich zu machen, baute man die verschiedensten Spurbreiten. (Baltimore & Ohio Railroad)

Risiken des Fortschritts: Unfälle waren in der Frühzeit der Eisenbahn sehr häufig. Die Daguerreotypie aus dem Jahre 1853 zeigt ein Wrack bei Pawtucket, Rhode Island. (Zelda P. Mackay, San Francisco, Cal.)

Die Karikatur von Thomas Nast ist 12 Jahre später entstanden und heißt „Unser ständiger Reisebegleiter". Die Zeitungen, in denen die verängstigten Fahrgäste lesen, berichten von „Eisenbahngemetzeln" und „Boilerexplosionen".

Von größter Bedeutung für die wirtschaftliche Entwicklung der Vereinigten Staaten war der Ausbau der Verkehrswege. Während der Süden und Westen über ein ausgezeichnetes natürliches Netz schiffbarer Flüsse verfügten, mußte die Verbindung zwischen den Häfen des Nordostens und den großen Getreideanbaugebieten im Nordwesten durch die Anlage von Kanälen hergestellt werden. Um die Mitte des Jahrhunderts trat mehr und mehr die Eisenbahn an die Stelle des Schiffstransports. Zwischen 1850 und 1860 verlängerte sich das Schienennetz der USA von 8500 Meilen auf über 30 000. Vorrang hatte wiederum die wirtschaftlich wie politisch so folgenschwere Verbindung des industriellen Nordostens mit dem agrarischen Nordwesten.

Am Vorabend des Bürgerkrieges waren die Vereinigten Staaten mit einem durchschnittlichen Pro-Kopf-Einkommen von 128 Dollar nach Australien und etwa gleichauf mit Großbritannien das zweitreichste Land der Erde, der Nordosten für sich allein genommen stand mit 181 Dollar pro Kopf mit Abstand an der Spitze. Getrübt wurde dieses strahlende Bild freilich durch die in etwa 20jährigen Abständen auftretenden Wirtschafts„paniken", die vornehmlich den kapitalabhängigen Nordosten trafen und Zehntausende von Existenzen vernichteten, und durch die sehr ungleiche Vermögensverteilung. Auch diese wurde in den großen Städten des Nordostens am krassesten sichtbar. Neben dem phantastischen Reichtum mancher Unternehmer, Händler und Bankiers entstand ein Proletariat von Industriearbeitern und Tagelöhnern, das sich hauptsächlich aus Einwanderern rekrutierte.

Von staatlicher Seite tat man wenig, um diesen Mißständen zu steuern; das war die Kehrseite der für viele autoritätsmüde Europäer so reizvollen Beschränkung der staatlichen Funktionen auf das existenznotwendige Minimum. Um 1830 erwachte aber vor allem in den Neuenglandstaaten ein von evangelisch-puritanischem Ethos getragenes soziales Gewissen. Idealistische Reformbewegungen entstanden, die sich vom Antialkoholismus über die Frauenemanzipation bis zur Sklavenbefreiung die Bekämpfung der verschiedensten Übel zum Ziel setzten und in engem Zusammenhang standen mit schwärmerischen religiösen Erweckungsbewegungen. Das alte strenge Puritanertum wich einem Geist „rastloser, neugieriger, gewissensbetonter Kritik", wie sich Emerson ausdrückte. Ungezählte „-ismen" nahmen von den Nordoststaaten ihren Ausgang. Adventisten erwarteten die unmittelbare Ankunft des Herrn, Spiritisten traten mit Geistern und okkulten Mächten in Kontakt, das Buch Mormon wurde entdeckt, man entwickelte Reformkleidung für die Frauen, gründete in den Wäldern Kommunen, in denen naturverbundenes Leben geprobt wurde, und experimentierte mit „freier Liebe".

Gewiß, die meisten dieser Bewegungen erfaßten nur einen recht kleinen Personenkreis und erregten den Spott der konservativer eingestellten Mehrheit, aber sie waren doch Ausdruck eines Klimas geistiger Unruhe und idealistischen Missionseifers, das den politischen Auseinandersetzungen der kommenden Jahrzehnte seinen kompromißlos den moralischen Standpunkt betonenden Kreuzzugsgeist aufprägen sollte.

Bürgerliche Bildungseuphorie: eine Mädchenschule in Neuengland um 1855. In den Jahrzehnten vor dem Bürgerkrieg nahmen die Public Schools, die Volksschulen, einen großen Aufschwung, vor allem in den Neuenglandstaaten. Besser situierte Familien schickten ihre Kinder aber weiterhin auf private Colleges. Der Lehrbetrieb an den führenden Universitäten wurde nach deutschem Vorbild umgestaltet. (Metropolitan Museum of Art)

Das Zentrum des amerikanischen Geisteslebens: In den Neuenglandstaaten war vor dem Bürgerkrieg die geistige Elite des Landes konzentriert.

Henry Wadsworth Longfellow (1807–1882), geboren in Maine, verbrachte als Harvard-Professor den größten Teil seines Lebens bei Boston. Er war der populärste amerikanische Literat seiner Zeit. Der Dichter des *Hiawatha*, Übersetzer Dantes und anderer Klassiker wirkte als Vermittler zwischen europäischer und amerikanischer Literatur. (Museum of Modern Art, New York)

Ralph Waldo Emerson (1803–1882), aus einer alten Bostoner Geistlichenfamilie stammend, trennte sich von der starren puritanischen Tradition und begründete den Transzendentalismus, eine Philosophie des idealistischen Individualismus, die das amerikanische Denken des 19. Jahrhunderts prägte. (George Eastman House Collection)

Henry D. Thoreau (1817–1862), gleichfalls ein Bostoner, schrieb über seine Selbstverwirklichung in der Natur eines der schönsten und einflußreichsten Bücher aller Zeiten: „Walden oder das Leben in den Wäldern". Thoreau war wie die meisten neuenglischen Intellektuellen ein leidenschaftlicher Gegner der Sklaverei. (Bettmann Archive)

Dorothea Lynde Dix (1802–1887) aus Maine unterrichtete in Massachusetts, bis sie begann, einen weltweiten Kampf gegen die Mißstände in den Irrenhäusern zu führen. Während des Bürgerkrieges leitete sie den Einsatz der freiwilligen Krankenschwestern, die die Soldaten der Unionsarmee betreuten. Sie trat auch als Jugendschriftstellerin hervor. (U.S. Military History Institute, Carlisle Barracks, Pa.)

Samuel F. Morse (1791–1872), geboren in Boston, erfand nicht nur die elektrische Telegraphie, er war auch ein bedeutender Naturhistoriker, Maler und Photopionier. (George Eastman House Collection)

Samuel Colt (1814–1862) aus Hartford in Connecticut war ein Vertreter der mehr praktisch ausgerichteten Seite des regsamen neuenglischen Geistes. Er experimentierte mit Unterwasserkabeln, Seeminen und austauschbaren industriellen Fertigungsteilen und erfand die ersten einsetzbaren Revolvermodelle. (Western History Collections, Library of the University of Oklahoma)

PEAK

DIE OFFENBARE BESTIMMUNG

„Manifest Destiny" – „offenbare Bestimmung" war ein von einem Journalisten der 1840er Jahre geprägtes Schlagwort, das rasch fester Bestandteil des amerikanischen Selbstverständnisses wurde. Demnach war es der jungen Republik vom Schicksal bestimmt und als vornehmste Aufgabe gestellt, den Kontinent vom Atlantik bis zum Pazifik in Besitz zu nehmen, der Zivilisation zu erschließen und zu besiedeln. Die Weiten des Westens am Horizont waren es, die die Lage der Vereinigten Staaten so grundsätzlich von den statischen Verhältnissen in Europa unterschieden.

Der tatkräftige Pionier, der das jungfräuliche Land rodete und bebaute, sich mit einer bescheidenen Blockhütte zufrieden gab und immer bereit war, seine Habseligkeiten auf den Planwagen zu verladen und sich eine neue, bessere Heimat zu suchen, war und blieb das Urbild des Amerikaners. Gewiß, in der Mitte des 19. Jahrhunderts führte nur mehr ein Bruchteil der Bevölkerung das archaische Leben der Grenzlandpioniere, aber auch wenn die Grenze schon über einen Landstrich hinweggegangen war, erhielten sich in den agrarisch geprägten Gegenden die unkomplizierten Werte und Gewohnheiten, die zugleich strenge und bewegliche Mentalität der Gründergeneration noch lange. Vor allem aber brachte die ständig nach Westen wandernde Grenze, die Aussicht auf einen fast unerschöpflich scheinenden Reichtum neuen Landes in die amerikanische Geschichte des 19. Jahrhunderts die Dynamik, die Ruhelosigkeit, den Optimismus und das Sendungsbewußtsein, die sie in so hohem Maße kennzeichneten.

Als die 13 englischen Kolonien sich 1783 ihre Unabhängigkeit erkämpft hatten, war es mehr als ungewiß, ob die neue Nation je in den Westen des Kontinents vorstoßen würde. Der Streifen, den die 13 Staaten entlang der Atlantikküste besiedelten, reichte gerade bis in die ersten Täler der Appalachen, dann begann die Wildnis. Das Gebiet jenseits der Berge bis hin zum Mississippi war zwar auch den Vereinigten Staaten zugesprochen worden, doch erst mußte der Widerstand der dort lebenden kriegerischen Indianerstämme gebrochen werden.

Aber die Indianer waren nicht das eigentliche Problem, denn niemand kümmerte sich ernsthaft um ihre Rechte, und sie waren bei aller Tapferkeit zahlenmäßig viel zu schwach, technisch zu rückständig und politisch zu uneins, um der weißen Flut mehr als hinhaltenden Widerstand leisten zu können. Sie genossen freilich vorerst die Unterstützung der Engländer, die von Kanada aus die Westexpansion der Vereinigten Staaten in der Flanke bedrohten. Am Mississippi stand Spanien, dem seit 1763 über zwei Drittel des heutigen Staatsgebiets der USA gehörten. Der Südwesten von Kalifornien bis Texas sowie Florida waren schon lange spanisch, zu dieser Landmasse war nun auch noch das riesige, ehedem französische Louisiana-Territorium gekommen, das vom Mississippi bis an die Rocky Mountains reichte.

Aber die spanische Herrschaft war nur nominell; abgesehen von einigen Forts, Missions- und Handelsstationen gab es kaum eine raumgreifende Erschließung dieser Gebiete. Dem Andrang der angelsächsischen Siedler aus den Vereinigten Staaten waren

Auf dem Weg zur „offenbaren Bestimmung": ein Planwagen in St. Joseph, Missouri. Das Photo wurde 1859 von dem deutschstämmigen Maler Albert Bierstadt gemacht. (Kansas State Historical Society, Topeka)

Der Pionier und seine Blockhütte: Mormonenfamilie in Utah, aufgenommen von A.J. Russell. (Union Pacific Railroad)

die Spanier und Franzosen letztlich ebensowenig gewachsen wie die Indianer.

Der erste, entscheidende Schritt der westlichen Landnahme kam auf friedlichem Wege zustande: 1803 verkaufte Napoleon das mittlerweile wieder an Frankreich gefallene Louisiana-Territorium an die USA. Der Kaiser sah die kommende Weltmachtstellung Amerikas voraus und wollte der verhaßten englischen Seeherrschaft einen tödlichen Rivalen schaffen. 1819 trat das mit seinen aufständischen lateinamerikanischen Kolonien ringende Spanien Florida an die USA ab.

Der Südwesten wurde jedoch mit militärischer Gewalt erobert. 1836 erkämpften sich die aus den Vereinigten Staaten eingewanderten texanischen Siedler ihre Unabhängigkeit von Mexiko, neun Jahre später wurde die Republik Texas auf eigenen Wunsch hin von Washington annektiert. Grenzstreitigkeiten zwischen Texas und Mexiko führten 1846/47 den von der amerikanischen Regierung erhofften Krieg herbei, der mit der vollständigen Niederlage der Mexikaner endete. Im Vertrag von Guadalupe Hidalgo erwarben die USA 1848 ihr ganzes heutiges Südwestgebiet von Texas bis Kalifornien. Gleichzeitig wurde auch die mit Großbritannien strittige Frage der Nordwestgrenze zwischen den Vereinigten Staaten und Kanada vertraglich geregelt.

Der politisch-militärischen Expansion folgte die Besiedlung in erstaunlicher Geschwindigkeit. Zunächst wurden die neuen Gebiete in Territorien unterteilt und parzellenweise an Siedler verkauft. Konnte ein solches Territorium dann 60 000 freie Einwohner nachweisen, erhielt es den Zutritt in die Union als gleichberechtigter Bundesstaat. Mit Ausnahme des Gebiets um die Großen Seen war um 1820 alles Land bis hin zum Mississippi in Bundesstaaten organisiert.

Die Masse der Siedler, die im späten 18. und frühen 19. Jahrhundert in das Ohiotal und dann in den alten Südwesten und Nordwesten bis an den Mississippi und über diesen hinaus in die östlichen Teile des Louisianagebiets und nach Texas strömten, stammte aus den Südstaaten, besonders Virginia, was nicht zuletzt den engen politischen Zusammenhalt zwischen Süden und Westen in den ersten Jahrzehnten der Republik erklärt. Nach 1820 änderten sich diese Verhältnisse rasch. Die den Süden immer stärker überflügelnde Bevölkerung der Neuengland- und Mittelatlantikstaaten drängte in die fruchtbaren Ebenen zwischen dem Ohio und den Großen Seen und schließlich in die Prärien des Westens, neue Verkehrswege – zuerst Kanäle, dann Eisenbahnen – schlossen Nordosten und Nordwesten zusammen, und der wirtschaftlichen Kooperation folgte alsbald die politische. Der Süden aber wollte sich bei der Besitznahme der neuen Territorien nicht abdrängen lassen, und so wurde der Westen mehr und mehr zum Gegenstand und Schauplatz des Machtkampfes zwischen den rivalisierenden Landesteilen.

Der aussichtslose Widerstand der Indianer: Siouxhäuptling Little Crow und seine Opfer, deutsche Siedler aus Neu-Ulm, auf der Flucht während des Aufstandes in Minnesota 1862.
(Bureau of American Ethnology und Minnesota Historical Society)

Die Etappen der Westexpansion 1783–1848.

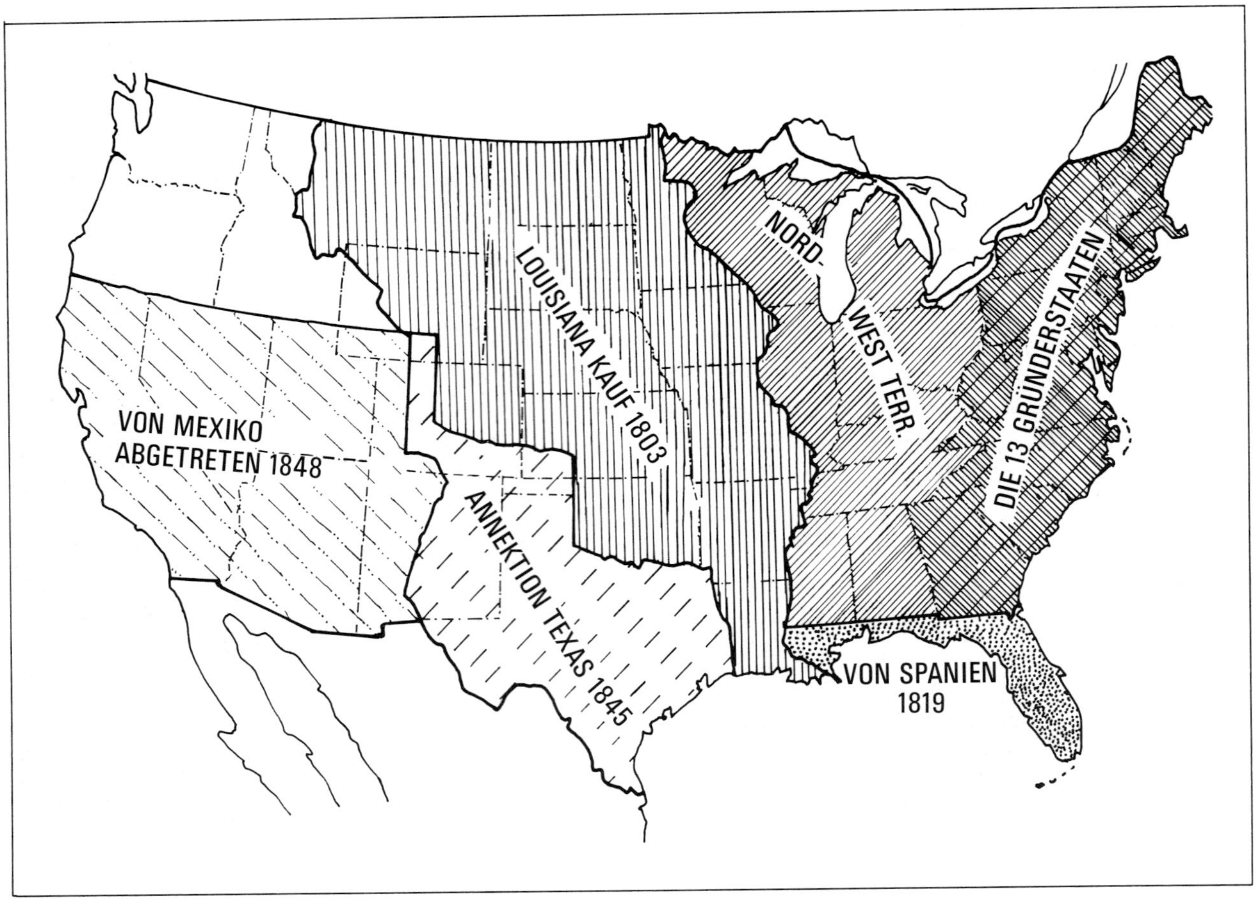

Ein weiteres Hindernis auf dem Weg zum Pazifik: der spanisch-mexikanische Südwesten. Während des Krieges gegen Mexiko entstanden die ersten Kriegsphotos. Die Kathedrale in Saltillo diente als Lazarett nach der Schlacht von Buena Vista. (Beinecke Library, Yale University)

Der Aufbruch nach Mexiko: Infanterie in Exeter, New Hampshire, 1846. (Joel Snyder Collection, Arlington Heights, Illinois)

In Feindesland: General John E. Wool und sein Stab in Saltillo. (Beinecke Library, Yale University)

RED RIVER

DAS ANDERE AMERIKA

Das Baumwollkönigreich: Die Ballen stapeln sich im größten Hafen des Südens, in New Orleans. Aufnahme aus dem Jahr 1859. (Fred Way Jr.)

Die Nordgrenze von Maryland, die sogenannte „Mason-and-Dixon-Line", trennte zwei Landesteile voneinander, die im Laufe des 19. Jahrhunderts eine immer gegensätzlichere Entwicklung nahmen, die Nordstaaten und die Südstaaten. Während man im Norden, wie in Europa, den Tendenzen der Zeit folgte, Kapital anhäufte, Fabriken und Eisenbahnen baute, Städte vergrößerte, sich um Reformen bemühte, isolierte sich der Süden zusehends von der modernen Welt und sah seine stolzeste Aufgabe darin, diese seine Ausnahmestellung mit aller Hartnäckigkeit zu behaupten. Die Verhältnisse in den Südstaaten stagnierten keineswegs in allen Bereichen, wie oft behauptet wird, ganz im Gegenteil erlebte die Wirtschaft des Südens in der ersten Jahrhunderthälfte einen nicht minder eindrucksvollen Aufschwung wie die des Nordens, aber der Aufschwung war eben ganz anderer Art, und er hatte ganz andere Konsequenzen.

Im Süden regierte „King Cotton", König Baumwolle. Das war nicht immer so gewesen. Im 18. Jahrhundert hatte der Anbau von Reis, Indigo, Zuckerrohr, Hanf und vor allem Tabak weit größere Bedeutung besessen als der von Baumwolle. Aber dann hatte 1793 der Yankee Eli Whitney seine „Cotton Gin", eine Baumwollentkörnungsmaschine, erfunden, die die Ernte dieser Pflanze entscheidend vereinfachte und so den Baumwollanbau erst wirklich rentabel machte.

Gleichzeitig wuchs der Bedarf der Textilindustrien in England, Frankreich und den Nordstaaten ins ungeheure, ein Bedarf, der bis zum Bürgerkrieg fast ausschließlich mit den Exporten der Südstaaten gedeckt wurde, so daß diese eine Art Monopolstellung besaßen.

Glücklicherweise wurden gerade jetzt die unverbrauchten und vom Klima für den Baumwollanbau geradezu prädestinierten Böden westlich und südlich der Appalachen in Alabama, Mississippi, Louisiana und Osttexas verfügbar. Rasch verlagerte sich vom Alten Süden der Atlantikküste der wirtschaftliche Schwerpunkt in den Neuen Süden der Golfregion. Die Steigerung der Baumwollproduktion in den siebzig Jahren vor Ausbruch des Bürgerkrieges kann nur als dramatisch bezeichnet werden:

1791	4 000 Ballen
1801	100 000 Ballen
1835	1 062 000 Ballen
1849	2 469 000 Ballen
1860	5 000 000 Ballen

Das entsprach 1860 wertmäßig zwei Dritteln des ganzen Exports der USA.

Baumwolle und in geringerem Maße die anderen Monokulturen waren die Grundlage des Reichtums der Südstaaten, aber die landwirtschaftliche Produktion beschränkte sich keineswegs auf diese. Der Süden führte auch mit großem Abstand in der Zucht von Fleischvieh, und selbst der Maisanbau übertraf leicht den des Nordens, was um so bemerkenswerter war, als die Bevölkerung des Südens einschließlich der Schwarzen weniger als zwei Drittel derjenigen der Nordstaaten ausmachte.

Die industrielle Entwicklung hinkte allerdings weit hinter der des Nordens her. Das lag im wesentlichen daran, daß das Kapital des Südens in viel höherem Maße durch den Besitz von Boden und vor allem von Arbeitskräften gebunden war. Arbeitskraft

Teile einer Panoramaaufnahme, die William Shew aus Boston im Jahre 1852 von San Francisco gemacht hat. (Smithsonian Institution)

Selbstporträt des Goldgräbers und Photographen M.M. Hazeltine und seines Bruders George in ihrer Hütte am Clear Creek nahe Shasta, 1857.
(Bancroft Library, University of California)

Sklavenstaaten und freie Staaten 1860:
1. Staaten mit Sklavenhaltung
2. Staaten ohne Sklavenhaltung
3. Territorien

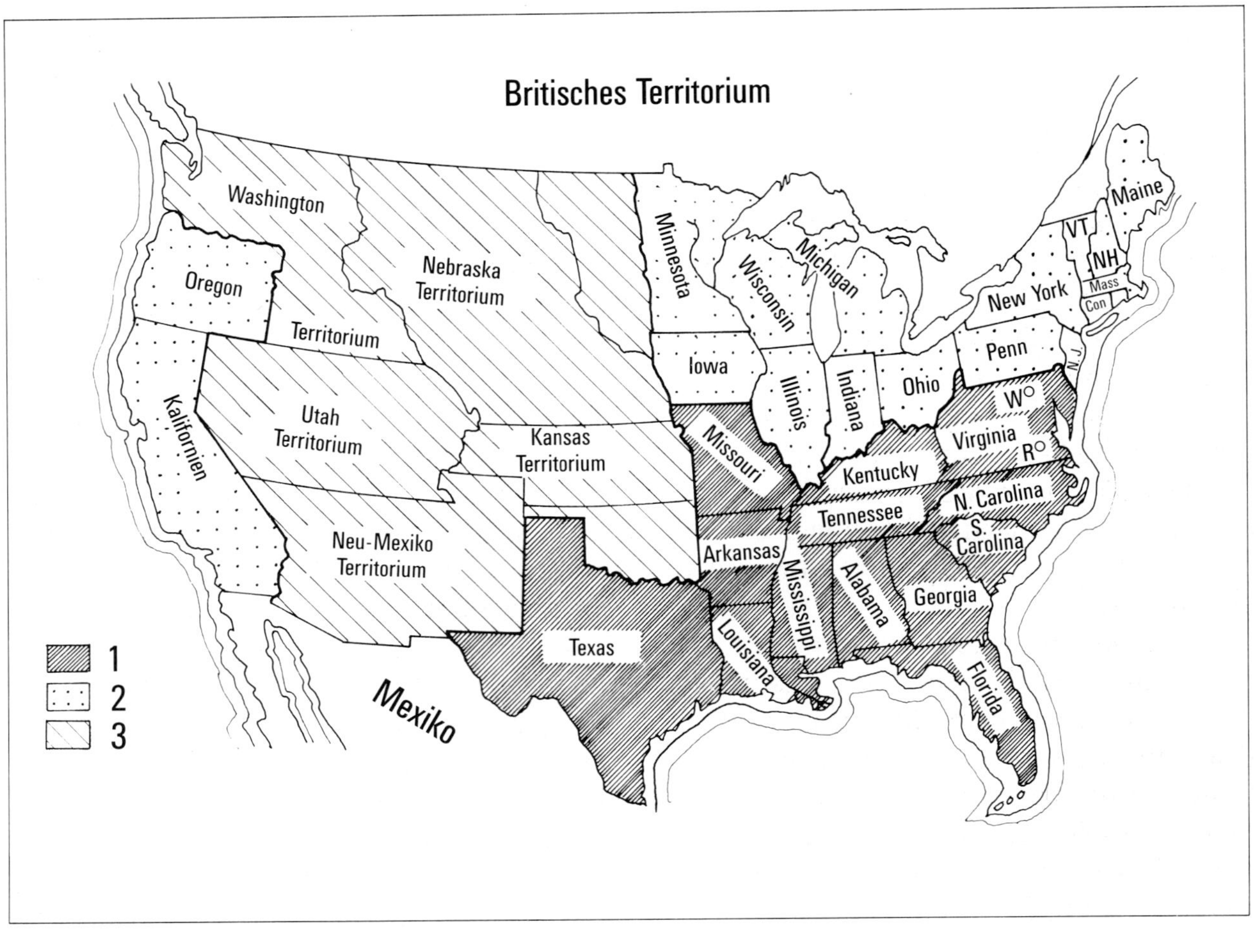

Verteilung der Sklavenbevölkerung 1791 und 1860. Die Karten lassen die Bevölkerungsbewegung vom Alten zum Neuen Süden und die Ausdehnung des Baumwollgürtels in den Golfstaaten erkennen.

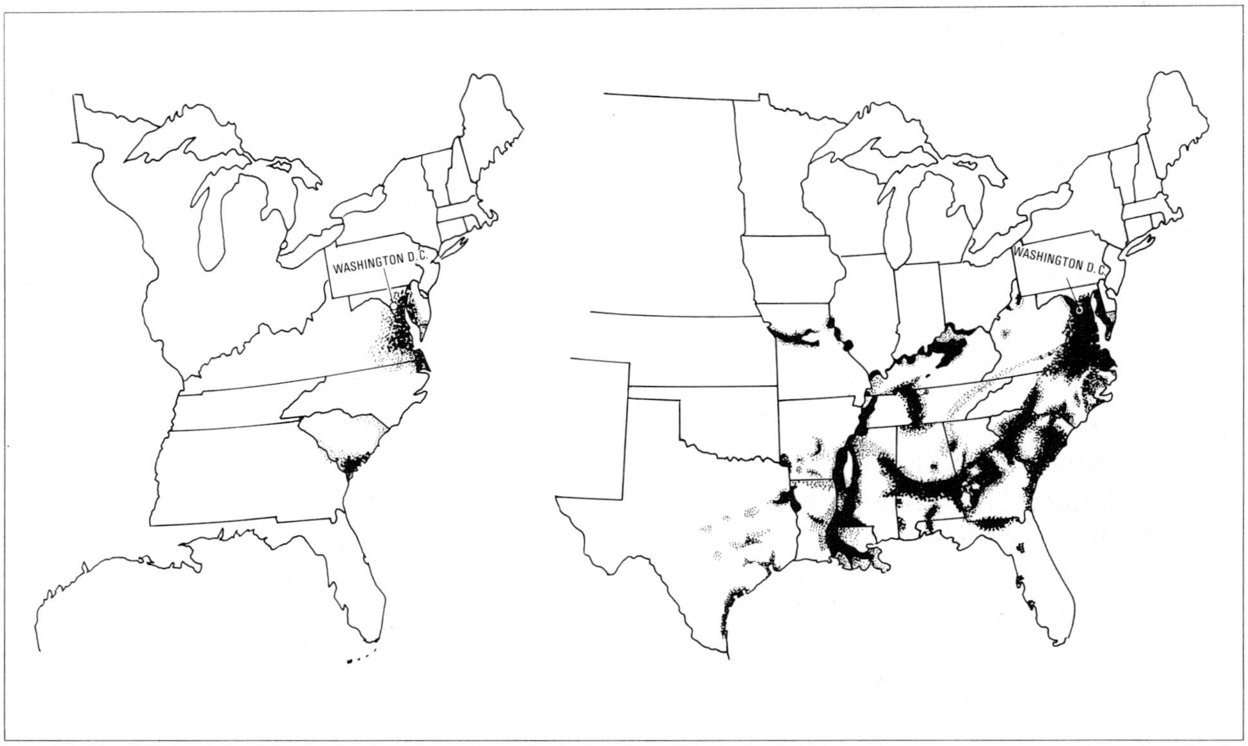

als Eigentum, mit anderen Worten die Sklaverei, war neben König Baumwolle der zweite und letztlich fatale Pfeiler, auf dem die Besonderheit des Südens beruhte. Nur der Einsatz eines Millionenheeres von Negersklaven hatte den Baumwollboom des 19. Jahrhunderts ermöglicht. Billige weiße Arbeitskraft war in den tiefergelegenen Gebieten des Südens, in denen die großen Monokulturen betrieben wurden, nur schwer zu bekommen. Das lag zum geringeren Teil am feuchtheißen Klima, zum größeren an der übermächtigen Konkurrenz des Sklavensystems, das wirtschaftlicher war als freie Arbeit und europäische Einwanderer abschreckte.

Die Vorstellungen, die man sich vom Leben im „Ante-Bellum"-Süden, dem legendären Süden vor dem Bürgerkrieg, macht, sind von zählebigen Klischees geprägt. Keineswegs waren alle oder auch nur eine Mehrheit der weißen Südstaatler Plantagenbesitzer und Sklavenhalter. 1860 gab es im Süden 1 469 094 weiße Familien, von denen 383 635 eine Gesamtzahl von 3 953 696 Sklaven besaßen, also nur 27%. Fast die Hälfte dieser sklavenhaltenden Familien hatte weniger als fünf Sklaven, was ihnen schwerlich ein aristokratisches Herrenleben ermöglicht haben dürfte.

Erst der Besitz von wenigstens 50 Sklaven, von denen ja ein erheblicher Teil Kinder und alte Leute waren, dürfte es rechtfertigen, von einem Plantagenbetrieb zu sprechen, und das galt für lediglich 8 000 Familien. Von ihnen hatten 2 000 über 100 Sklaven, ein Dutzend über 500.

Die Mehrzahl der großen Plantagen lag in den fruchtbaren Niederungen entlang den Küsten und den schiffbaren Flüssen. In diesen Gebieten bestand die Bevölkerung oft zu 60 bis 70% aus Negern, nördlich von Charleston in South Carolina waren es sogar 88%, während in den Bergregionen der Sklavenanteil selten über 10% hinausging. Das heißt, die fruchtbarsten, für den Baumwollanbau am besten geeigneten Böden befanden sich ganz überwiegend in der Hand der großen Pflanzer und wurden mit dem effizientesten Arbeitssystem ausgebeutet. Es kann daher nicht verwundern, daß die wenigen tausend Sklavenhalter, die mehr als 50 Neger besaßen, ein höheres Einkommen hatten als der ganze Rest der Südstaatler zusammengenommen. Die Vermögensunterschiede zwischen den weißen Südstaatlern waren also nicht minder kraß als in den Industriegebieten des Nordens.

Am untersten Ende der sozialen Skala standen die „armen Weißen", ein selbst von den Negern verachtetes, auf die schlechtesten Böden abgedrängtes, aber unabhängiges ländliches Proletariat. Sie mögen etwa ein Zehntel der weißen Bevölkerung ausgemacht haben. Nicht zu verwechseln mit ihnen sind die „Hinterwäldler" (hillbillies) und „Hochländer" in den Appalachen, die in selbstbewußter Eigenbrötelei an den Gewohnheiten der Pionierzeit festhielten. Die große Masse der Südstaatler waren kleine Farmer, die, ob sie nun ein paar Sklaven besaßen oder nicht, ein einfaches, selbstgenügsames Leben führten und weder arm noch reich zu nennen waren, nicht unähnlich den Farmern des Nordwestens.

Es gab durchaus auch einen bürgerlichen Mittelstand von kleinen Unternehmern, Handwerkern, Händlern, Ärzten, Lehrern, Geistlichen und Angestellten, die zumeist in den Städten wohnten. Verglichen mit den Verhältnissen im Norden spielte die Stadt im sozialen, wirtschaftlichen und kulturellen Leben aber nur eine bescheidene Rolle. Bezeichnenderweise lagen von den 16 Städten, die 1860 mehr als 50 000 Einwohner hatten, lediglich vier in den Südstaaten und von diesen wiederum drei in den Grenzstaaten, den oberen Randstaaten des Südens. In den 11 späteren konföderierten Staaten gab es nur eine einzige Großstadt, nämlich New Orleans.

Wenn ihre Zahl auch nur einen Bruchteil der weißen Bevölkerung betrug, war es doch die Schicht der großen Pflanzer, die der Gesellschaft und der Kultur des Südens ihren Stempel aufdrückte. In den Händen dieser wenigen tausend Familien lag nicht allein der größte Teil des Reichtums der Region, sondern sie übten auch einen ganz unverhältnismäßigen politischen Einfluß aus und verkörperten ein in seltener Einmütigkeit akzeptiertes Leitbild. Insofern handelte es sich um eine echte Aristokratie, doch es war eine Aristokratie ohne Adels-

Die einzige Großstadt des tiefen Südens: New Orleans mit seiner alten Aristokratie französischer Kreolenfamilien, neu zugewanderten Angelsachsen, Iren, Deutschen und seinen zahlreichen Schwarzen galt als die kosmopolitischste Stadt Amerikas. Das Photo aus der Kriegszeit zeigt den Jackson Square mit der katholischen St.-Louis-Kathedrale und dem Denkmal des Generals und Präsidenten Andrew Jackson, der in der Nähe von New Orleans 1815 die Briten besiegt hat.

Stadtresidenzen der Pflanzeraristokratie: Church Street in Baton Rouge, der Hauptstadt von Louisiana. Aufnahme von W.D. McPherson und Oliver um 1862. (U.S. Army Military History Institute, Carlisle Barracks, Pa.)

Die Hochburg des südstaatlerischen Nationalismus: Charleston in South Carolina. Die Aufnahme von Elmar Rush Seibert aus dem Frühjahr 1865 zeigt die Bay Street mit dem Postamt, einem Bau aus dem 18. Jahrhundert. (James G. Heavilin)

Die künftige Hauptstadt der Konföderation: Richmond in Virginia, Zentrum des Tabakhandels. Im Vordergrund die episkopale St.-Paul's-Kirche am Capitol Square. (Library of Congress)

Der Charme des Alten Südens: Spaziergang unter moosbehangenen Magnolien bei Charleston, South Carolina. Der vornehm gekleidete Knabe ist ein kleiner Negersklave. Aufnahme aus dem Jahre 1856. (Magnolia Gardens and Nurseries, Charleston, S.C.)

Eine Schönheit aus den Südstaaten: Miss Ann Carter Bryan im Alter von 16 Jahren. Photo aus der Zeit um 1860. (Museum of the Confederacy, Richmond, Va.)

Eine der stillen Landstädte des Südens: Warrenton, Virginia, im Jahre 1862. (Library of Congress)

Symbole einer stolzen Lebensweise: Herrenhäuser der Plantagenaristokratie in Louisiana. Beide sind im typischen „Greek-Revival"-Stil der ersten Hälfte des 19. Jahrhunderts gebaut. (National Archives und U.S. Army Military History Institute, Carlisle Barracks, Pa.)

brief. Zwar spielten Familienstolz und Familienbeziehungen eine große Rolle, aber die Reihen dieser Elite, die mit der Ausnahme weniger wirklich altadeliger Dynastien aus „selfmademen" und deren Nachkommen bestand, waren durchlässig und offen für Emporkömmlinge. So konnte sich jeder weiße Südstaatler dem Traum hingeben, auch einmal ein Mitglied der Pflanzeraristokratie zu werden, und mehr noch, die Verhaltensmuster und der Stolz dieser Schicht, oft genug auch nur ein Zerrbild davon, färbten schon auf die ab, die den Aufstieg noch nicht geschafft hatten, vielleicht nie schaffen würden.

Der Pflanzer, der „Southern Gentleman", gab so dem Selbstbewußtsein der Südstaatler einen einheitlichen Charakter. Trotz der gewaltigen Vermögensunterschiede kam es innerhalb der weißen Gesellschaft zu keinen ernsthaften Spannungen. Das – erreichbare – Leitbild des Pflanzeraristokraten auf der einen Seite und das Gegenbild des Negersklaven, über den man, mochte man noch so tief sinken, durch die Hautfarbe erhaben war, auf der anderen, schlossen die Weißen des Südens zusammen und ließen sie alle, Sklavenbesitzer wie Nichtsklavenbesitzer, mit Überzeugung hinter der Institution der Sklaverei stehen.

Die Mentalität und das öffentliche Leben der Südstaaten waren gleichzeitig aristokratisch und basisdemokratisch geprägt, beiden entsprach ein quer durch alle Gesellschaftsschichten gehender und das normale amerikanische Maß noch überschreitender Individualismus, der nicht selten ans Chaotische streifte. Er fand seine Grenzen in einer ausgeprägten Traditionsgläubigkeit und in einem sich ständig versteifenden Festhalten an bestimmten gemeinsamen Grundüberzeugungen, die in Zweifel zu ziehen niemand ungestraft wagen durfte.

Das Leben auf den großen Plantagen wird meist romantisch verklärt dargestellt. Zweifellos haben die eine solche Stimmung heraufbeschwörenden Versatzstücke in Filmen und Romanen – die säulengeschmückten Herrenhäuser, die mit Spanischem Moos behangenen Eichenalleen, die Magnolien, die hellhäutigen, krinolinentragenden Damen, die banjospielenden Schwarzen, die immer drohenden Duellpistolen – wirklich existiert, jedoch nicht in so stereotyper Form.

Ebenso zweifellos gab es auch eine gewisse romantische Grundstimmung des südstaatlerischen Charakters, wie sie etwa aus der ungeheuren Beliebtheit der Ritterromane spricht, aber der Alltag auf einer Plantage war weit banaler, reich an Arbeit und arm an Abwechslung. Anders als die Großgrundbesitzer mancher europäischer und lateinamerikanischer Länder entfernten sich die meisten südstaatlerischen Pflanzer nur selten längere Zeit von ihrem Besitz und überließen die Arbeit einem angestellten Verwalter. Selbst von den größeren Plantagen hatte weniger als ein Drittel weiße Aufseher, von den kleineren ganz zu schweigen. Der typische Plantagenbesitzer war weder ein leichtlebiger Abenteurer oder Schöngeist noch ein starrer, unwirtschaftlich denkender Patriarch und auch kein tyrannischer Leuteschinder, sondern ein rational kalkulierender, mit kapitalistischen Methoden arbeitender, durch und durch professioneller Großagrarier.

Entgegen einem verbreiteten Vorurteil verfügte die Oberschicht des Südens über eine vorzügliche Ausbildung. Sowenig die Südstaatler für die im Norden mit Enthusiasmus gepflegten Public Schools, die Volksschulen, übrig hatten, die meist privaten Colleges und Universitäten standen in hoher Blüte. Gemessen an der Gesamtzahl der weißen Bevölkerung hatte der Süden einen größeren Prozentsatz an Absolventen höherer Schulen als die Nordstaaten oder die meisten europäischen Länder der damaligen Zeit. Wie jede ländliche Aristokratie glänzte auch die des Südens mehr durch Leistungen im öffentlichen Leben als durch Schöpfungen auf wissenschaftlichem oder künstlerischem Gebiet. So steuerte der Süden, im Vergleich mit Neuengland, vor dem Bürgerkrieg recht wenig zum geistigen Leben der Nation bei, aber er brachte eine eindrucksvolle Reihe großer Redner, Juristen, Politiker und Soldaten hervor, man braucht nur Namen wie George Washington, Thomas Jefferson, John Marshall, James Madison, James Monroe, Andrew Jackson, Winfield Scott, Henry Clay, John C. Calhoun und Robert E. Lee zu nennen.

Dixies's Land: die kleine Welt einer Plantage. Landesteg vor dem Herrenhaus des Pflanzers John E. Seabrook auf Edisto Island vor der Küste von South Carolina. Am Boden ist Baumwolle zum Trocknen ausgebreitet. Aufnahme aus dem Jahr 1862. (U.S. Army Military History Institute, Carlisle Barracks, Pa.)

Die weltoffene, liberale Tradition Virginias wich freilich im Laufe des 19. Jahrhunderts dem nur um sich selbst kreisenden militanten Konservatismus South Carolinas. Im Gefühl, allein gegen eine vom revolutionären Fortschrittstaumel erfaßte Welt zu stehen, entwickelte der Süden einen maßlosen, in der Verzweiflung wurzelnden Stolz auf seine Eigenart und verbrauchte alle seine geistigen Kräfte in der kompromißlosen Verteidigung der bestehenden Verhältnisse. Symbol, Hauptgegenstand und letzte Ursache dieses schicksalsschweren Umschwungs war die „Peculiar Institution", die „besondere Einrichtung" des Südens, die Sklaverei. Sie verleiht der Geschichte der Südstaaten das düstere Pathos des Ausweglosen, Unentrinnbaren, Tragischen.

EIN VERMÖGEN VON ZWEI MILLIARDEN DOLLAR

„Hat es je ein Volk gegeben, sei es zivilisiert oder wild, das mit menschlichen oder göttlichen Argumenten dazu hätte überredet werden können, freiwillig ein Vermögen von zwei Milliarden Dollar aufzugeben?"

Mit dieser ebenso realistischen wie rhetorischen Frage meinte Senator James H. Hammond aus South Carolina die größte Vermögensanlage seiner Landsleute, die im Wert dem Achtfachen der Bankguthaben der ganzen Nation entsprach, nämlich die fast vier Millionen Negersklaven, die am Vorabend des Bürgerkriegs in den Staaten südlich der „Mason-and-Dixon-Line" lebten. Damals waren die USA das Land mit der größten Sklavenbevölkerung der Erde, neben Brasilien der einzige wirklich bedeutende Sklavenhalterstaat, der noch existierte.

Die jahrtausendelang kaum von jemandem ernsthaft in Frage gestellte Institution der Sklaverei war unter dem Eindruck der aufklärerischen Menschenrechtsideen vom späten 18. Jahrhundert an in erstaunlich kurzer Zeit zerbröckelt. Um 1780 hatte man noch in allen Ländern Nord-, Mittel- und Südamerikas Sklaven gehalten, 80 Jahre später gab es außer in den Südstaaten der USA nur noch in Brasilien, Kuba, Puerto Rico und in den kleinen holländischen Kolonien Sklaven. Mit Ausnahme von Haiti, wo sich die Schwarzen blutig gegen ihre Herren erhoben hatten, war die Befreiung überall friedlich zustandegekommen. Nirgends hatten sich die Besitzer gewaltsam zur Wehr gesetzt; das sollte den Südstaatlern vorbehalten bleiben.

Warum nun nahm die Entwicklung in den Vereinigten Staaten einen so ganz anderen Verlauf und endete im schwersten Krieg des 19. Jahrhunderts? Die Sklavenemanzipation in den lateinamerikanischen Staaten und in den britischen Kolonien war schrittweise und unter weitgehender Entschädigung der Besitzer vorgenommen worden. Niemand machte den weißen Südstaatlern ein vergleichbares Angebot. Aber das hätte sie nicht zu hindern brauchen, selbständig eine allmähliche Abschaffung der in den Augen der Welt immer unentschuldbarer erscheinenden Institution in Angriff zu nehmen.

Tatsächlich hatte es in den ersten Jahrzehnten der Republik so ausgesehen, als würden sich die Dinge in dieser Richtung bewegen. Die Südstaatler der Revolutionsära waren tief vom Gedankengut der Aufklärung beeinflußt, und es war einer von ihnen, Thomas Jefferson aus Virginia, der in der Unabhängigkeitserklärung von 1776 zum ersten Mal den unveräußerlichen Menschenrechten „auf Leben, Freiheit und das Streben nach Glück" politischen Ausdruck verliehen hat. Jefferson, ein Sklavenhalter mit schlechtem Gewissen, sah die Institution nur mehr als notwendiges, vorübergehendes Übel gerechtfertigt, und diese Ansicht teilten viele seiner Zeitgenossen im Süden.

Trotzdem folgte man nicht den Nordstaaten, die zwischen 1780 und 1804 die Emanzipation ihrer Sklaven beschlossen und schrittweise durchführten. Aber im Norden lebten nur 7% der Neger, überwiegend Hauspersonal, ihre Befreiung war wirtschaftlich leicht zu verkraften und schuf kein unübersehbares Rassenproblem. Früher oder später hofften jedoch viele Südstaatler, irgendeine Lösung zu finden, um dem Beispiel des Nor-

Auf ihnen beruhte der Baumwollreichtum des Südens: Neger bringen die Ernte auf einer Plantage in der Nähe von Charleston, South Carolina, ein. Aufnahme von N. Barnard, um 1865. (New York Historical Society) dens folgen zu können. Noch 1832 gab es in der Legislatur von Virginia eine aufsehenerregende Debatte um diese Frage, und mit nur 58 gegen 73 Stimmen unterlag der Antrag, eine schrittweise Beseitigung der Sklaverei einzuleiten. Wenige Jahre später wäre eine solche Debatte gänzlich undenkbar gewesen.

Der große Meinungsumschwung im Süden, der aus einem notwendigen Übel das beste Arbeitssystem der Welt, etwas „positiv Gutes" und um jeden Preis zu Erhaltendes werden ließ, hing in erster Linie mit dem ungeheuren Aufschwung der Baumwollwirtschaft nach der Jahrhundertwende zusammen. Die Sklaverei war auf lange Sicht unentbehrlich geworden, wollte der Süden nicht auf die wesentlichsten Quellen seines neuen Reichtums verzichten.

Auch Angst spielte eine nicht zu unterschätzende Rolle. 1800 und 1822 waren Komplotte zu Sklavenrevolten aufgedeckt worden, 1831 hatte ein solcher Aufstand tatsächlich stattgefunden und 60 Weißen das Leben gekostet. Es handelte sich zwar um völlig isolierte Akte, an denen jeweils nur wenige Dutzend Schwarze beteiligt gewesen waren, und der Aufstand von 1831 sollte der einzige in der ganzen Geschichte des Südens bleiben, aber die Reaktionen waren zum Teil hysterisch. Allenthalben wurden die „Black Codes", die die Sklavenhaltung betreffenden Gesetze, verschärft, die Rechte der Freigelassenen beschnitten und die Pressefreiheit eingeschränkt. 35% der Bevölkerung der Südstaaten waren Neger, und trotz aller gegenteiligen Beteuerungen fühlten die Weißen von diesen unterdrückten Massen eine unheimliche Bedrohung ausgehen.

Die Sklaverei war eben nicht nur ein Arbeitssystem, sondern in kaum geringerem Maße ein Mittel, die Beziehungen zweier völlig verschiedenartiger Rassen zu regeln, genauer gesagt, die Vorherrschaft der allgemein für turmhoch überlegen erachteten Rasse zu sichern. Die armen Weißen wurden vor der Konkurrenz freier Neger und vor der Ausbeutung durch die eigene Oberschicht geschützt, die Neger ihrerseits, abgeschirmt vom Rassenhaß und von der sozialen Unsicherheit des freien Wettkampfes durch ein fürsorgliches patriarchalisches Regiment, wurden behutsam in die Zivilisation eingeführt, und die Pflanzer hatten ein zuverlässiges Arbeitsmaterial zu ihrer ständigen Verfügung. Das wurde zur klassischen Auffassung der Südstaatler vom Wesen ihrer „besonderen Einrichtung".

Im Rassismus bestand der wichtigste Unterschied zu der Sklavenwirtschaft der Antike. Am deutlichsten bekamen dies die freien Neger zu spüren, von denen es 1860 im Norden 226 000 und im Süden 232 000 gab und denen man überall im Lande die Gleichberechtigung verweigerte. Den angelsächsischen protestantischen Weißen Nordamerikas fehlte die lockere Natürlichkeit im Umgang mit den Farbigen, die die Spanier und Franzosen immer wieder bewiesen haben; strikte Trennung der Rassen erschien ihnen ein Gebot der Natur und der Religion.

Auch die meisten Sklavereigegner im Norden waren nicht frei von rassistischen Vorurteilen, und eine wirkliche Gleichberechtigung der Rassen konnten sich vor dem Bürgerkrieg im Norden wie im Süden nur einige wenige Außenseiter vorstellen.

Die Angriffe der Abolitionisten, der radikalen Sklavereigegner, auf die „besondere Einrichtung" des Südens, die um 1830 in voller Wucht einsetzten, galten nur in Ausnahmefällen dem Rassismus in seiner Gesamtheit, sondern vielmehr denjenigen Aspekten der Sklaverei, die besonders scharf gegen die humanitäre und moralische Empfindsamkeit des 19. Jahrhunderts verstießen oder zu verstoßen schienen. Durch ihre Greuelpropaganda fühlte sich bald jeder Südstaatler als skrupelloser Ausbeuter und sadistischer Lüstling an den Pranger gestellt. Er reagierte darauf nicht mit zerknirschter Einsicht, sondern mit Wut und Trotz und begann nach Argumenten zu suchen, die geeignet waren, seinen Lebensstil zu rechtfertigen, bis er zu dem Ergebnis gelangte, die Sklaverei sei ein wahrer Segen für Schwarz und Weiß und dürfe um nichts in der Welt preisgegeben werden.

Die meisten Südstaatler gaben sich mit der biblischen Rechtfertigung zufrieden, daß die Juden des Alten Testaments Sklaven besessen hätten, Christus nirgends etwas gegen die Institution gesagt und Paulus sogar den Sklaven Gehorsam angeraten

Der Höhepunkt des Arbeitsjahres: die Baumwollernte. Der berittene weiße Aufseher war durchaus nicht typisch für jede Plantage. (National Archives)

Die schlimmste Seite der Sklaverei: der Sklavenhandel. „Auktion und Verkauf von Negern" verkündet das Werbeschild an einem Haus im geräumten Atlanta, Georgia. Aufnahme von George Barnard, 1864. (Library of Congress)

habe. Während die katholische und die episkopale Kirche sich aus dem Streit um die Sklaverei heraushielten, spalteten sich die Methodisten und Baptisten, denen damals zwei Drittel der Bevölkerung der USA und über drei Viertel von der der Südstaaten angehörten, alsbald in sich heftig befehdende Nord- und Südkirchen.

Einige politische Schriftsteller in den Südstaaten gingen über das biblische Argument und die Artikulation simpler rassistischer Vorurteile hinaus und entwickelten bemerkenswerte Gedankengebäude. John C. Calhoun erklärte, keine hohe Kultur könne sich entwickeln, wenn nicht der denkenden Elite von einer holzhauenden und wassertragenden Unterschicht die Routinearbeit abgenommen und die Muße verschafft würde, die notwendig sei, um sich mit den edleren Möglichkeiten menschlichen Tuns beschäftigen zu können. Natürlich versäumte er es nicht, auf das Vorbild der Griechen und Römer hinzuweisen. Freie Arbeit führe dagegen zu sozialer Unruhe, unkontrollierter Ausbeutung und schließlich zur Revolution. Die Oberschicht des Nordens solle sich glücklich schätzen, daß es den Süden als das große konservative Gegengewicht in der Union gebe, das auch ihre Position stabilisiere.

George Fitzhugh stellte in einem Werk mit dem bezeichnenden Titel „Alles Kannibalen! oder Sklaven ohne Herren" die Behauptung auf, im Norden seien Kapital und Arbeit getrennt und dieser Antagonismus führe zur versteckten und viel grausameren Lohnsklaverei, während im Süden Kapital und Arbeit in der Person des Sklaven vereint seien und somit die günstigsten Voraussetzungen bestünden für eine harmonische Ordnung zum Besten aller Beteiligten. Er scheute auch nicht vor der logischen Konsequenz aus dieser Gedankenführung zurück, nämlich die Ausdehnung des segensreichen Systems auf die weißen Unterschichten anzuregen.

In der Regel drehte sich der Streit aber nicht um theoretische Überlegungen, sondern um ganz bestimmte Mißstände, deren Existenz von den Südstaatlern freilich meist in Abrede gestellt wurde.

Vornehmster Gegenstand abolitionistischer Attacken war der Sklavenhandel. In ihm kam die Ungeheuerlichkeit des Besitzes von Menschen durch Menschen am schlagendsten zum Ausdruck. Man muß zwischen dem transatlantischen Sklavenhandel, also der Einfuhr der Neger aus Afrika in die Neue Welt, und dem Sklavenhandel innerhalb der Südstaaten unterscheiden. Der erstere war das finsterste und brutalste Kapitel der neuzeitlichen Sklaverei überhaupt, er kann aber den Südstaatlern nicht zum Vorwurf gemacht werden. Das Geschäft betrieben zuerst die Portugiesen, Spanier und Holländer und dann vor allem die Briten; innerhalb Nordamerikas waren noch am meisten die seefahrenden Neuengländer verstrickt, was ihnen später den Vorwurf einbrachte, die Yankees würden die Freilassung der Sklaven fordern, deren Vorfahren ihre Väter in den Süden verkauft hätten. 1807 verboten die USA die Einfuhr von Sklaven und traten einem internationalen Abkommen gegen den Transatlantikhandel bei. Zwar schmuggelte man in den folgenden Jahrzehnten noch Tausende von Sklaven illegal über den Ozean, doch darf man davon ausgehen, daß zur Zeit des Bürgerkrieges 99 % der schwarzen Bevölkerung der USA im Lande geboren waren.

10 bis 12 Millionen Neger wurden vom 16. bis 19. Jahrhundert von den Stämmen Westafrikas an die weißen Händler verkauft und nach Amerika gebracht. Nur ein sehr kleiner Teil von diesen, etwa 6 %, gelangte nach Nordamerika, die große Masse war für die Zuckerrohrplantagen Westindiens und Brasiliens bestimmt. Zucker, nicht Baumwolle veranlaßte also den gigantischen Menschenhandel von Kontinent zu Kontinent. Das höchst ungesunde Klima und die auf sofortigen schweren Arbeitseinsatz und nicht auf natürliche Vermehrung berechnete Zusammensetzung der Sklaven – es wurden doppelt so viele Männer als Frauen eingeführt – hatten in Westindien einen ungeheuren „Verbrauch" zur Folge, während die Bedingungen in Nordamerika ein sehr kräftiges natürliches Wachstum der Sklavenbevölkerung begünstigten. Zu Beginn des 19. Jahrhunderts lebten ein Drittel aller Neger des Doppelkontinents in den USA.

Der Sklavenhandel innerhalb der Südstaaten wurde dagegen bis in den Bürger-

Das Krebsgeschwür der Nation: Dieses Blatt aus dem „American Anti-Slavery Almanac" zeigt die verderblichen Auswirkungen des Sklavereisystems auf den Charakter der weißen Herren. Sadismus, Gewalttätigkeit, Brutalität erscheinen als der beherrschende Grundzug im Leben des Südens. Links zerfleischt ein Herr den Rücken seines Sklaven mit den Krallen einer Katze, daneben findet ein Messerkampf statt, eine Meinungsverschiedenheit beim Kartenspiel wird mit einem Pistolenschuß gelöst, dahinter frönt man der Lynchjustiz. Rechts balgen sich zwei Raufbolde, ein schwarzes Kind wird gepeitscht, ein Duell findet statt, und im Hintergrund schart man sich um einen Hahnenkampf.

krieg hinein in großem Umfang betrieben. Seine schlimmste Seite war die Trennung von Familien auf dem Auktionsblock, und dies war auch die von der abolitionistischen Agitation am weidlichsten ausgeschlachtete Szene. Jedes Gesellschaftssystem muß es sich gefallen lassen, gerade auch nach den negativsten Erscheinungen, die es hervorbringt und zuläßt, beurteilt zu werden. Insofern wiegt es nicht allzu schwer, wenn man darauf hinweist, daß die herzzerreißenden Familientrennungen tatsächlich nur selten vorgekommen sind, weil die Sklavenhalter schon im wohlverstandenen Eigeninteresse bestrebt waren, die Negerfamilien intakt zu halten, und daß die meisten verkauften Kinder Waisen waren. Vorgekommen sind diese Szenen eben doch.

Ein reiner Mythos waren hingegen die Sklavenzuchtfarmen, von denen die Sklavereigegner fortlaufend fabulierten. Nirgends konnten solche nachgewiesen werden, und Kostenkalkulationen zeigen, daß sie schwerlich profitabel gewesen wären. Aber die möglichen und unmöglichen sexuellen Aspekte der Sklaverei scheinen überhaupt bei ihren puritanischen Kritikern eine schwüle Phantasie beflügelt zu haben. Wieder und wieder kann man lesen, ziemlich jede weiße Südstaatlerin habe ihren Mann mit schwarzen Konkubinen teilen müssen und viele Sklaven seien Abkömmlinge ihrer Herren gewesen. Das heißt, die strenge Sexualmoral der Zeit und der Region, die Kraft der rassistischen Vorurteile und die Erfordernisse einer durch die Unnahbarkeit der weißen Führung wesentlich beeinflußten Disziplin gründlich zu verkennen. Natürlich hat es Sklavenbesitzer gegeben, die der Versuchung nicht widerstehen konnten, aber das war die Ausnahme, nicht die Regel. 1860 waren 10,4% der Farbigen im Süden Mulatten. Berücksichtigt man, daß schon ein Achtel fremden Blutes reichte, um einen Menschen zum Mischling zu machen, daß Mulatten also zwangsläufig wieder Mulatten zeugten, gleichgültig mit wem, und daß die Sklaverei zu diesem Zeitpunkt schon seit weit über 200 Jahren im Süden existierte, dann ist diese Zahl nicht ein Beweis für, sondern gegen die Häufigkeit intimer Beziehungen zwischen Herren und Sklavinnen.

Der Fehler besteht in der Annahme, eine Vielzahl von Südstaatlern hätte das, was sie im Rahmen der bestehenden Verhältnisse mehr oder weniger ungestraft zu tun Gelegenheit hatten, auch wirklich getan. Das Verhalten eines Sklavenbesitzers wurde aber nicht nur von den abstrakten rechtlichen Möglichkeiten, sondern mehr noch von gesellschaftlichen und moralischen Normen und praktischen Nützlichkeitserwägungen bestimmt. Das muß auch berücksichtigt werden, wenn man sich ein realistisches Bild

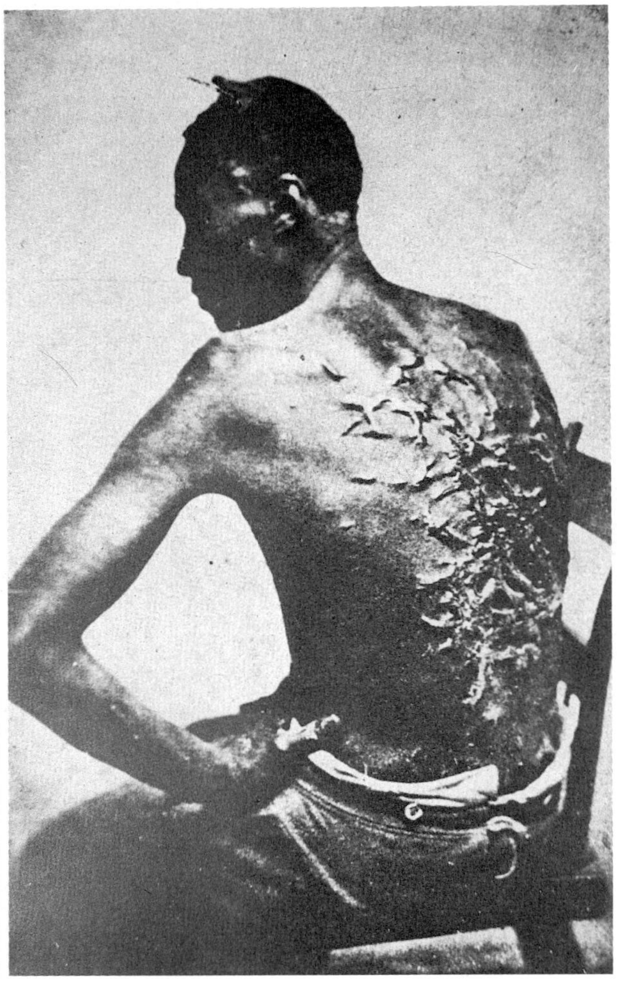

Das scheußliche Gesicht der Sklaverei: die Spuren einer extrem brutalen Auspeitschung auf dem Rücken des geflohenen Sklaven Gordon, der es im Bürgerkrieg zum Korporal der Unionsarmee brachte. Das propagandistisch von den Nordstaatlern vielfach ausgewertete Photo entstand 1863 in Baton Rouge, Louisiana, und zeigt, daß durchaus nicht alle abolitionistischen Berichte über exzessive Grausamkeiten erfunden waren.

Das freundliche Gesicht der Sklaverei: eine schwarze Mammy mit dem Kind ihrer Herrschaft. Auf kleinen Pflanzungen mit wenigen Sklaven konnte ein fast familiäres Verhältnis zwischen Schwarz und Weiß herrschen. Das gleiche galt für die Haussklaven größerer Plantagen und die in Stadtwohnungen gehaltenen Sklaven. Aufnahme von George S. Cook aus Charleston, South Carolina. (Herb Peck Jr.)

davon machen will, inwieweit körperliche Grausamkeit zum Alltag der Sklaverei gehörte.

„Lords of the lash", „Herren der Peitsche" nannten die Abolitionisten gerne die weiße Führungsschicht des Südens, und in der Tat war die Peitsche das üblichste Disziplinierungsmittel. Man darf dabei nicht übersehen, daß für Menschen des 19. Jahrhunderts die körperliche Züchtigung nicht den Charakter des Außergewöhnlichen hatte wie für uns. Die US-Marine schaffte die Auspeitschung von Matrosen erst 1850 ab, in den Gefängnissen und Straflagern vieler Bundesstaaten war sie noch bis ins 20. Jahrhundert hinein üblich. Der Sklavenhalter sah keine Veranlassung, sich des wirksamsten und unpersönlichsten Disziplinierungsmittels modernen Unternehmertums, der fristlosen Entlassung, zu bedienen, und das Auspeitschen hatte für ihn gegenüber anderen Bestrafungsformen, etwa Haftstrafen, den Vorteil, daß keine wertvolle Arbeitszeit verlorenging. Das setzte natürlich voraus, daß kein gesundheitlicher Schaden angerichtet wurde, der auch sonst nicht im Interesse des Sklavenbesitzers lag – schließlich stellten ja die Sklaven einen sehr erheblichen Wert dar. Trotzdem sind exzessive Grausamkeiten unleugbar vorgekommen, aber sie waren sehr viel seltener, als die üblichen effekthascherischen Darstellungen es glauben machen.

Was in den Augen der meisten Beobachter den eigentlichen anachronistischen und damit barbarisch wirkenden Charakter der Plantagenjustiz ausmachte, war die Tatsache, daß die Sklavenbesitzer als Privatpersonen überhaupt Strafgewalt besaßen, daß also ein legalisiertes Nebeneinander von privater und öffentlicher Justiz bestand, wie es für feudale Gesellschaften charakteristisch ist. Übrigens war der Sklavenhalter keineswegs Herr über Leben und Tod. Wer einen Sklaven umbrachte, konnte wegen Mordes belangt werden. Die Verfolgung von gesetzeswidrigen Übergriffen gegenüber Sklaven war allerdings dadurch erschwert, daß ein Neger vor Gericht nicht gegen einen Weißen aussagen konnte.

Neben den Strafen gab es aber auch Belohnungen und Vergünstigungen, mit denen das Verhalten der Sklaven beeinflußt

Der Alltag auf der Plantage: Sklavenfamilien vor ihren Hütten auf Edisto Island, South Carolina.
(New York Historical Society und Library of Congress)

Ein besonderer Stein des Anstoßes: Sklavenhandel in der Bundeshauptstadt. Washington, zwischen Virginia und Maryland gelegen, war eine Stadt des Südens. Bis zum Bürgerkrieg gab es hier Sklaverei und Sklavenhandel. Das Bild aus dem abolitionistischen „Liberty Almanac" von 1847 zeigt das Kapitol in seiner damaligen Gestalt und davor einen Zug von Sklaven, die von einem peitscheschwingenden Aufseher geführt werden. Darüber steht: „Sklaverei und Sklavenhandel in der Hauptstadt der Nation. Heil dir, Columbia!" Der Artikel darunter beginnt: „Man sollte denken, Sklaverei und Sklavenhandel wären die letzten Dinge, die in der Hauptstadt einer sich ‚frei' rühmenden Nation eine legale und geschützte Existenz führten. Aber da sind sie – unbezahlte Plackerei, Peitschen, Ketten, Kerker, Trennungen, Mordtaten und all das ..."

wurde. Geschenke und kleine Geldprämien waren üblich, auf den meisten Plantagen wurden den Familien auch Gärten zugeteilt, deren Produkte sie selbst verarbeiten und verkaufen durften. Da die Arbeitszeiten nur während der Saat und der Ernte extrem lang zu sein pflegten und sonst neben den Sonntagen auch die Samstage oft arbeitsfrei waren, blieb genügend Freizeit, um sich diesen Privatgärten zu widmen.

Ferner war die Sklavengesellschaft hierarchisch gegliedert, was gewisse Aufstiegschancen eröffnete. Die im Haus beschäftigten Sklaven waren eine manche Privilegien genießende Elite gegenüber den normalen Feldsklaven. Aber auch bei diesen gab es wieder einfache „field hands", die in arbeitsteiligen „gangs" arbeiteten, und Vorarbeiter. Da die meisten Betriebe entgegen dem Klischee keine weißen Aufseher hatten, fielen vergleichbare Führungsaufgaben oft genug geeigneten Sklaven zu.

Außerhalb der eigentlichen Plantagenwirtschaft wurden Neger in einer Vielzahl spezialisierter Tätigkeiten eingesetzt, die von den verschiedensten Handwerken bis zur Betriebsführung reichten. Man kann durchaus nicht behaupten, die Sklaverei sei nicht anpassungs- und entwicklungsfähig gewesen und wäre auch ohne den Bürgerkrieg wegen wachsender ökonomischer Unrentabilität in absehbarer Zeit verschwunden.

Welchen Aspekt der Sklaverei man auch immer herausgreift, es ist davon auszugehen, daß die Zustände von Plantage zu Plantage stark variieren konnten. Das gilt auch für die materiellen Lebensbedingungen. Die durchschnittlichen Ernährungs-, Kleidungs- und Wohnverhältnisse und die Krankenfürsorge waren einfach, aber ausreichend, um die Sklaven bei guter Gesundheit zu halten, und hoben sich vorteilhaft ab von denen weißer Industrie- und Landarbeiter in den meisten europäischen Ländern und in den Nordstaaten. Lebenserwartung und Kindersterblichkeit unterschieden sich kaum von denen weißer Südstaatler.

Wenn der Sklave dem freien Lohnarbeiter etwas voraushatte, war es die relative Sicherheit seiner Existenz. Er konnte nicht entlassen werden, weder bei Krankheit noch im Alter brauchte er sich Sorgen um seinen Unterhalt zu machen. Dem stand gegenüber, daß sein Leben ein statisches, pflanzenhaftes war, daß ihm sein Schicksal starr vorgezeichnet wurde und daß man ihm die Chancen und Risiken der Freiheit vorenthielt. Oft wurde die Sklaverei mit einer Schule verglichen, aber es war eine Schule ohne Abschlußzeugnis.

Angriff als beste Verteidigung: Um die Sklaverei im Süden zu rechtfertigen, bot es sich an, auf das Elend der Industriearbeiter in Europa und in England hinzuweisen. Dieses Flugblatt richtet sich gegen den englischen Abolitionisten Thompson, der 1850 die USA besuchte und der seinem Stolz darüber Ausdruck gab, die Sklaverei würde es in seinem Land nicht mehr geben. Die Karikatur kontrastiert die „Sklaverei, wie sie in Amerika existiert", mit der „Sklaverei, wie sie in England existiert". Verblüfft sagt ein Nordstaatler beim Anblick der nach Feierabend banjospielenden und tanzenden Schwarzen: „Ist es möglich, daß wir im Norden so getäuscht wurden durch falsche Berichte? Warum sind wir nicht in den Süden gefahren und haben uns überzeugt, bevor wir diesen Ärger zwischen Nord und Süd anrichteten . . .?"

KANSAS

FRÜCHTE DES ZORNS

Am 19. und 20. Mai 1856 schockierte Senator Charles Sumner aus Massachusetts, ein Mann, bekannt für seine klassische Bildung und seine kompromißlosen Standpunkte, den versammelten Senat mit einer vielstündigen Rede, in der er den Süden im allgemeinen und den Staat South Carolina im besonderen angriff, von einem „Schandfleck der Zivilisation" sprach, dessen Verschwinden keinen Verlust für die Menschheit darstellen würde, und die Südstaatler in eine Reihe stellte mit obszönen ägyptischen Götzenanbetern und aztekischen Kannibalen. Dann überhäufte er den abwesenden Senator Andrew Butler aus eben jenem hassenswerten Staat mit persönlichen Schmähungen. „Er hat sich einer Dirne verschrieben, die, obwohl abstoßend für andere, ihm lieblich erscheint, obwohl verdorben in den Augen der Welt, in den seinen die Keuschheit verkörpert – ich meine die Hure Sklaverei. Es gibt keine nur mögliche Abirrung vom Pfade der Wahrheit, deren er nicht schuldig wäre."

„Die Ritterlichkeit des Südens – Prügel gegen Argumente": Das war der Titel dieser nordstaatlerischen Karikatur auf den Sumner-Brooks-Zwischenfall.

Das Opfer: Senator Charles Sumner aus Massachusetts (1811-1874). Nachdem er sich von seinen Verletzungen erholt hatte, bekämpfte er als einer der Führer des radikalen Flügels der Republikanischen Partei die versöhnliche Politik Lincolns und Johnsons gegenüber den Südstaaten und setzte sich für volle Gleichberechtigung der Schwarzen ein. (U.S. Army Military Historical Institute, Carlisle Barracks, Pa.)

Nach Ende dieser Philippika nahm der Senator an seinem Pult Platz und widmete sich seinen Papieren. Plötzlich stand neben ihm der junge Abgeordnete Preston Brooks aus South Carolina. „Ich habe mir Ihre Rede zweimal sorgfältig durchgelesen", sagte er zu Sumner, „sie stellt eine Beleidigung South Carolinas und des Senators Butler dar, mit dem ich verwandt bin." Dann hob er seinen Spazierstock und schlug dem Senator mehrmals so schwer über den Kopf, daß dieser blutüberströmt zusammenbrach und sich veranlaßt sah, drei Jahre lang dem Senat fernzubleiben. Massachusetts ließ in dieser Zeit ostentativ seinen Platz unbesetzt, während Preston Brooks in South Carolina von begeisterten Anhängern mit einer Unmenge von Stöcken beschenkt wurde. „Hit him again!" – „Hau ihn nochmals!" war auf manchen von ihnen zu lesen.

Der skandalöse Zwischenfall war symptomatisch für die überreizte Stimmung, die in den fünfziger Jahren zwischen den Nord- und Südstaaten herrschte. Vorurteile und Ängste, Aggressivität und Überempfindlichkeit bestimmten das Denken der meisten Amerikaner, und die eifrig agitierende Presse bestärkte sie in diesen Gefühlen. Im Zentrum der Auseinandersetzungen stand beherrschend die Sklavereifrage, die „Feuerglocke um Mitternacht", wie Thomas Jefferson sie schon 1820 genannt hatte. Gewiß, es gab neben der „besonderen Einrichtung" eine ganze Reihe weiterer Gegensätze, die wieder und wieder für Konflikte sorgten, unterschiedliche wirtschaftliche Interessen, ungeklärte Verfassungsfragen, aber erst die Sklaverei gab der Auseinandersetzung die kategorische moralische Schärfe, die die Nation in unversöhnliche Lager spaltete und schließlich vielen den Krieg als die nicht mehr vermeidbare Folge eines „ununterdrückbaren Konflikts" erscheinen ließ.

1819 war es zum ersten Mal zum offenen Streit über das Sklavereiproblem gekommen. Anlaß war, wie auch bei den späteren großen Zusammenstößen, die Frage, ob bei der Aufnahme neuer Staaten in die Union die Sklavenhaltung zugelassen werden sollte oder nicht. Der Süden, dessen traditionelles Bündnis mit dem Westen in jenen Jahren zerbrach und der an Kopfzahl der Bevölkerung zusehends ins Hintertreffen geriet, mußte sich mit der Übermacht des Nordens im Repräsentantenhaus abfinden, denn dort waren die Staaten nach der Größe ihrer Bevölkerung vertreten. Daran änderte es auch nichts, daß die Zahl der Sklaven bei der Berechnung der zustehenden Abgeordnetensitze mit drei Fünfteln berücksichtigt wurde. Im Senat dagegen verfügte jeder Staat über die gleiche Zahl von Senatoren, und der Süden achtete peinlich darauf, daß mit jedem neuen „freien" Staat auch ein solcher mit Sklavenhaltung aufgenommen wurde, um wenigstens hier das Gleichgewicht aufrechtzuerhalten.

1819 ging es um die Zulassung von Missouri zur Union. Ein Jahr später gelang der Kompromiß, indem man gleichzeitig das „freie" Maine und den Sklavenhalterstaat Missouri in den Bund der Vereinigten Staaten aufnahm. Als künftige Trennungslinie im Westen setzte man 36° 30' nördlicher Breite fest. Das Gleichgewicht war gewahrt, aber die Spaltung der Union in zwei an Landfläche gleich große gegensätzliche Blöcke drohte nun den Kontinent von Ozean zu Ozean zu überspannen.

„Eine geographische Linie, die mit einem klar umrissenen moralischen oder politischen Prinzip zusammenfällt, wird, sobald sie einmal begriffen und den erbosten Leidenschaften der Menschen ausgesetzt worden ist, nie wieder verwischt werden können, und jede Reizung wird sie tiefer und tiefer eingraben", schrieb damals tief besorgt der 77jährige Thomas Jefferson.

Er sollte nur zu sehr recht behalten. Die folgenden Jahre zeigten immer deutlicher, daß es nicht mehr um eine bloße machtpolitische Frage zwischen den beiden großen Blökken in der Union ging, um parlamentarische Mehrheit und Minderheit, sondern auch um ein moralisches Problem, um Gut und Böse. Während Politiker wie Henry Clay im Süden und Daniel Webster im Norden um Kompromißlösungen rangen, gingen die Abolitionisten zum radikalen Angriff auf die Sklaverei und damit auf die ganze Lebensweise des Südens über und begannen die Südstaatler die Sklavenhaltung erbittert zu verteidigen und ihre Ausbreitung und Verewigung zu propagieren.

Gewiß, auf beiden Seiten gab es bis in den Bürgerkrieg hinein viele Gleichgültige, und es gab viele aufrecht Friedenswillige, die nach wie vor zu Kompromissen bereit waren und die Einheit der Union um jeden Preis erhalten sehen wollten, aber die allgemeine Stimmung trieb mehr und mehr auf den offenen Bruch hin.

Die Zahl der radikalen Abolitionisten war selbst im Nordosten recht gering, sie wußten sich aber lautstark Gehör zu verschaffen und auf die Dauer die öffentliche Meinung im In- und Ausland nachhaltig zu beeinflussen. Es war durchaus nicht nur der humanitäre Idealismus der überzeugten Abolitionisten, der die Abneigung der Nordstaatler gegen die Sklaverei wachsen ließ. Seit den Tagen der Revolution gab es in den USA eine starke Abneigung gegen alles „Aristokratische", und in dieses populäre Feindbild fügte sich bestens die gängige Vorstellung vom arroganten, machthungrigen Sklavenhalter, für den der schöne Ausdruck „slaveocrat" – „Sklavokrat" – geprägt wurde.

Diese Grundbesitzer pochten fortlaufend auf Sonderrechte, wollten der Mehrheit der Nation ihren Willen aufzwingen, und vor allem forderten sie neues Land im Westen, um es mit ihren Sklavenherden zu bewirtschaften und auf diese Weise dem freien weißen Siedler zu entziehen. Letztere Gefahr bildete für die meisten Farmer im Nordwesten den entscheidenden Grund, gegen die Sklaverei zu sein.

Es war ein Konkurrenzkampf zwischen den beiden großen agrarischen Gebieten um das freie Land im Westen: Der Großgrundbesitzer – und das heißt, zugleich und vor allem, der Neger – sollte von diesem ausgeschlossen werden. Welch bedeutende Rolle auch hier rassistisches Denken spielte, geht daraus hervor, daß etliche Staaten und Territorien im Nordwesten auch freien Negern den Zuzug verboten.

Die geographischen Gegebenheiten begünstigten die Wünsche des Nordens, denn die Hauptfläche des Louisianagebietes erstreckte sich im Nordwesten des Kontinents und war klimatisch völlig ungeeignet für die Sklavenwirtschaft und ihre Monokulturen, außerdem lag sie nördlich der im Missouri-Kompromiß festgelegten Grenzlinie. Aber die Annexion von Texas und die Eroberung des Südwestens änderten die Situation vollkommen. Jetzt hatten auch die Sklavenhalterstaaten Raum zur Expansion. Verständlicherweise ist daher der Krieg gegen Mexiko im Süden weit populärer gewesen als im Norden. Erbittert wurde nun um die Zukunft der von Mexiko erworbenen Gebiete gestritten.

1850 kam noch einmal ein Kompromiß zustande, der im wesentlichen das Werk Henry Clays, des großen Kompromißpolitikers aus Kentucky, war. Kalifornien wurde als freier Staat in die Union aufgenommen, den anderen Territorien westlich von Texas sollte die Entscheidung selbst überlassen bleiben, ob sie die Sklavenhaltung einführen wollten oder nicht. Das Sklavenfluchtgesetz wurde verschärft und sollte auch im Norden mit mehr Nachdruck zur Anwendung gebracht werden. Die Verpflichtung, den Sklavenjägern beim Einfangen entlaufener Neger zu helfen, lehnten jedoch viele Nordstaatler unter Berufung auf „ein höheres Gesetz" mit Empörung ab, und manche begannen statt dessen, die Flucht von Sklaven nach Kanada systematisch zu organisieren. Gleichgültig, ob das Gesetz durchgeführt oder sabotiert wurde, in jedem Falle gab es nördlich oder südlich der Mason-and-Dixon-Line wütende Proteste, die in gar keinem Verhältnis zur tatsächlichen Dimension der Sklavenfluchtbewegung standen. Die Neger zeigten in ihrer überwältigenden Mehrheit nämlich nicht stärkere Neigung zur Flucht als zum gewaltsamen Aufstand. Im Jahre 1850 war gerade einer von 30 000 Sklaven auf der Flucht.

Mittlerweile begann man Pläne für eine Transkontinentaleisenbahn zur Pazifikküste zu schmieden, und die Route, der diese Bahn folgen sollte, bildete sogleich einen neuen Zankapfel zwischen Nord und Süd.

Senator Stephen Douglas aus Illinois, dem es in erster Linie um die Wahrnehmung westlicher Interessen ging, versuchte die Sklavenhalterstaaten zur Aufgabe der von ihnen ins Auge gefaßten südlichen Streckenführung zu bewegen, indem er Zugeständnisse in einer Frage anbot, deren Brisanz er offensichtlich unterschätzte.

Er beabsichtigte, die Gebiete westlich und nordwestlich von Missouri in zwei Territorien, Kansas und Nebraska, zu organisieren und die Entscheidung über die leidige Sklavereifrage der dortigen Bevölkerung zu überlassen, ein System, das der Senator mit dem würdevollen Namen „Volkssouveränität" belegte. Das Problem war nur, daß beide Territorien nördlich der 1820 im Missouri-Kompromiß festgelegten Grenze lagen und dieser dadurch außer Kraft gesetzt worden wäre. Viele Nordstaatler sahen hierin einen ersten Versuch der aggressiven Pflanzeraristokratie, die Sklaverei wieder zu einer gesamtnationalen Einrichtung zu machen. Die Südstaatler, von denen die Initiative zu dieser neuen Entwicklung gar nicht ausgegangen war, ergriffen natürlich erfreut die Gelegenheit beim Schopfe, und im Mai 1854 passierte das Kansas-Nebraska-Gesetz den Kongreß. Damit erreichte der Konflikt einen neuen Höhepunkt. Anhänger beider Seiten strömten in die neuen Territorien, um die Wahlen in ihrem Sinne zu beeinflussen, und bald herrschten im „blutigen Kansas" Mord und Totschlag, der Bürgerkrieg erlebte eine ferne Ouvertüre.

Die schicksalsschwerste Folge der ganzen Aufregung um Kansas und Nebraska war aber die Gründung einer neuen, rein nordstaatlerischen Partei, der Republikaner. Bisher hatte jede der großen politischen Parteien – Föderale, die Republikaner Jeffersons, Demokraten, Whigs – Anhänger in allen Landesteilen besessen und war daher auch für die verschiedensten Interessen offen gewesen.

Die Republikaner nun boten dem Nordosten und Nordwesten alles, was sie wünschten: Sperrung der westlichen Gebiete gegen die Sklaverei, billiges öffentliches Land für die Siedler, Ausbau der Verbindungswege auf Bundeskosten, hohe Schutzzölle für die Industrie; dem Süden aber nichts. Hatten Sklavenfluchtgesetz und Kansasunruhen die Nordstaatler davon überzeugt, es gelte nichts weniger, als dem Machtanspruch der „Sklavokratie" auf die ganze Nation entgegenzutreten, so wurde die Republikanische Partei für die Südstaatler zum Beweis dafür, daß ihre Feinde die Kontrolle über das ganze Land an sich reißen und den Süden zu einer Kolonie degradieren wollten. Überall begann man, finstere Verschwörungen zu wittern.

Das Bewußtsein, in einem grundsätzlichen Machtkampf zu stehen, der keine echten Kompromisse mehr zuließ, wurde gerade von republikanischen Politikern in aller Schärfe ausgedrückt: „Wer denkt, dies sei ein zufälliger, überflüssiger Zusammenstoß, das Werk selbstsüchtiger oder fanatischer Agitatoren, und er sei daher vorübergehender Natur, versteht die Sache ganz falsch. Es ist ein ununterdrückbarer Konflikt zwischen einander auf Dauer entgegengesetzten Kräften, und er bedeutet, daß die Vereinigten Staaten früher oder später entweder gänzlich eine sklavenhaltende oder gänzlich eine auf freier Arbeit gründende Nation werden müssen und sein werden."

Der „ununterdrückbare Konflikt" („irrepressible conflict"), von dem Senator Seward hier 1858 gesprochen hat, wurde rasch zum Schlagwort. Nicht mindere Berühmtheit erlangte eine andere, weniger radikale, in der Sache aber das gleiche aussagende Formulierung, die im selben Jahr ein bis dahin unbekannter Politiker in einem Rededuell mit Stephan Douglas gebrauchte: „Ein Haus, das in sich uneins ist, kann nicht bestehen. Ich glaube, diese Regierungsform kann nicht von Dauer sein, wenn sie immer zur Hälfte mit der Sklaverei, zur Hälfte mit der Freiheit lebt." Der Mann, der mit dieser Rede die Aufmerksamkeit der Nation erregte, war ein 49jähriger Anwalt aus Illinois und hieß Abraham Lincoln.

Aber der Süden wollte das Haus teilen, nicht beherrschen. Immer häufiger und immer ernsthafter drohten die Verfechter der Rechte der Südstaaten mit der Sezession, dem Austritt aus der Union. Sie glaubten, erst wenn der Süden sich von den Nordstaaten loslöste und einen eigenen Staatenbund gründete, würde er sich ungestört und ungehemmt entwickeln können. Aber ließ die Verfassung überhaupt eine solche Lösung zu? Das war wieder eine Frage, an der sich die Geister schieden.

Die Verfassung von 1787 stellte einen mühevoll erreichten Kompromiß zwischen den alten Rechten und Kompetenzen der einzelnen Bundesstaaten und den Machtbefugnissen der neugeschaffenen Zentralregierung dar. Wohlweislich hatten es die Gründungsväter unklar gelassen, wo sich der eigentliche Schwerpunkt der Macht befand, beim Bund oder bei den Einzelstaaten. Davon hing es aber auch ab, ob in der Union ein lockerer freiwilliger Staatenbund zu sehen war, aus dem einzelne Mitglieder jederzeit ausscheiden konnten, oder ein fester, unauflöslicher Bundesstaat. Die Theorie von den Rechten der Einzelstaaten („States' Rights") machte sich immer diejenige Partei zu eigen, die gerade in der Minderheit war und sich der Konsequenz von Mehrheitsbeschlüssen entziehen wollte. 1814 sind das etwa die Neuenglandstaaten gewesen, die gegen den Krieg mit Großbritannien opponierten, nach 1820 aber fiel diese Rolle chronisch den Südstaaten zu, da sie sich nun in der Position einer Dauerminderheit befanden. Südstaatlerische Gesinnung und entschiedenste Verfechtung der Rechte der Einzelstaaten bis hin zum Recht auf Sezession wurden deckungsgleich.

In den Jahren 1832 und 1833 kam es erstmals zum offenen Konflikt zwischen einem Bundesstaat, South Carolina, und der Unionsregierung. Anlaß war der Dauerstreit um die Schutzzölle für die junge Industrie des Nordens, die der Süden als Großimporteur von Industriegütern natürlich keine Lust hatte zu zahlen.

„Es hat noch nie einen Mann gegeben, der so bedeutend war, wie Daniel Webster aussah": Der Senator von Massachusetts (1782–1852) gilt als der großartigste Redner der amerikanischen Parlamentsgeschichte. Er gehörte noch zur Generation der kompromißbereiten Staatsmänner, denen es vor allem um die Nation als ganzes ging und denen jede kleinliche Agitation fremd war. In seinen letzten Lebensjahren brachte ihm das herbe Kritik in seinem Heimatstaat ein. (Culver Pictures)

Der Kompromißpolitiker aus Kentucky: Senator Henry Clay (1777–1852), ein gemäßigter Vertreter der alten Allianz des Südens mit dem Westen, kämpfte jahrzehntelang für den Ausgleich zwischen den verfeindeten Landesteilen. Sein letztes Werk war der Kompromiß von 1850. (New York Historical Society)

Wo um den Kompromiß zwischen Nord und Süd gerungen wurde: das Kapitol in Washington auf einer Daguerreotypie aus dem Jahre 1846. Die Vergrößerung mit der neuen, uns gewohnten Kuppel wurde kurz vor dem Bürgerkrieg in Angriff genommen. (Library of Congress)

Zwei der entschiedensten Gegner der Sklaverei: William Lloyd Garrison (1805–1879) und Wendell Philipps (1811–1884), beide aus Massachusetts. Garrison war der Herausgeber der seit 1831 erscheinenden Zeitschrift „Liberator". Er nannte die Verfassung einen „Bund mit der Hölle", wenn sie die Sklaverei schützen sollte, und verkündete: „Keine Union mit Sklavenhaltern!" Mit seinem Extremismus hat er der Sache des Abolitionismus kaum weniger geschadet als genützt. Nicht minder aktiv war Wendell Philipps, der sich auch in vielen anderen Reformbewegungen engagierte. (Metropolitan Museum of Art und Bettmann Archive)

Schwarze Abolitionisten: Im Norden lebende freie Neger spielten eine bedeutende Rolle im Kampf gegen die Sklaverei. Sojourner Truth (1778–1883) organisierte in Michigan die „Untergrundbahn", die geflohenen Negern zur Flucht nach Kanada verhalf. Zu ihrem Namen erklärte sie: „Der Sklave erhält den Namen von seinem Herrn. Mein Herr ist der Allmächtige, und sein Name ist Wahrheit (truth); ich bin nur ein Gast (sojourner) auf dieser Erde, und so nenne ich mich ‚Sojourner Truth'."
Frederick Douglass (1817–1895) war ein aus Maryland geflohener Mulatte. Er war mit seinem würdevollen und gemäßigten Auftreten einer der wirksamsten abolitionistischen Redner.
(Michigan Department of State Archives und Privatsammlung)

Antiabolitionismus im Norden: Diese wenig freundliche Karikatur einer abolitionistischen Versammlung, auf der ein Redner gerade die Union verdammt, erschien 1859 im New Yorker *Harper's Weekly.*

Die erfolgreichste abolitionistische Schrift: Harriet Beecher-Stowe aus Connecticut (1812–1896) veröffentlichte 1852 ihr Buch „Onkel Toms Hütte", das binnen weniger Monate zum größten Bestseller seiner Zeit wurde. Das sentimentale Werk, das die Schattenseiten der Sklaverei einprägsam herausstellte, beeinflußte tief die öffentliche Meinung im Norden und in Europa und erregte im Süden Empörung. (Metropolitan Museum of Art)

Das Ende der Kompromißpolitik: Teil des Kompromisses von 1850 war ein verschärftes Sklavenfluchtgesetz, das in vielen Nordstaaten auf erbitterten Widerstand stieß. Die Verhaftung wirklich oder angeblich entlaufener Neger im Norden führte zu gewaltsamen Auseinandersetzungen. „Praktische Illustration des Sklavenfluchtgesetzes" heißt diese Karikatur aus dem Jahre 1851. Daniel Webster, der sich für den Kompromiß eingesetzt hatte, wird als Knecht der aggressiven Sklavenhalter dargestellt, die, Kette und Strick in der Hand, auf ihm herumreiten. Garrison und andere Abolitionisten versuchen mit gezückten Pistolen die geflohene Negerin zu beschützen. Der ganze Aufruhr spielt sich zu Füßen des „Tempels der Freiheit" ab.

South Carolina erklärte das neue Zollgesetz von 1832 auf seinem Gebiet für null und nichtig. Der damalige Präsident Andrew Jackson, ein Südstaatler, aber von streng nationaler Gesinnung, war nicht gewillt, diesen Präzedenzfall hinzunehmen, und es war nahe an einem kriegerischen Konflikt, als die Situation durch einen Kompromiß entschärft werden konnte.

Die Theorie von den Rechten der Einzelstaaten wurde in den folgenden Jahren vom großen Staatsmann South Carolinas, John C. Calhoun, ausgebaut und erhielt im Süden geradezu dogmatischen Charakter. Der grundsätzliche Gedankengang Calhouns war, daß in einer Demokratie, die ja die Diktatur der Mehrheit bedeutet, der Minderheit Rechte zustehen müssen, um sich vor Übergriffen der Mehrheit zu schützen. Unterhalb der Mehrheitsverhältnisse der Nation in ihrer Gesamtheit gab es die „konkurrierenden Majoritäten" auf regionaler Ebene, in den USA auf der Ebene der Bundesstaaten. Diese mußten das Recht haben, ein gegen ihre Interessen verstoßendes Bundesgesetz auf ihrem Territorium zu annullieren („Nullification" – „Nichtigkeitserklärung"). Wurde dies verweigert, blieb im Konfliktfalle nur die Sezession, die Unabhängigkeitserklärung des Staates. Daß diese im ursprünglichen Sinne der Verfassung war, stand für Calhoun und seine Jünger ganz außer Zweifel. Nie wären die Südstaaten 1787 einer Union beigetreten, wenn sie damit ihre Souveränität aufgegeben hätten und wenn man nicht, wie in der Tat geschehen, das Eigentumsrecht auf Sklaven ausdrücklich garantiert hätte. Daher waren es die Nordstaaten, die mit ihren Angriffen auf die Sklaverei fortlaufend gegen den Geist der Verfassung verstießen und eine Fortführung der Union gefährdeten.

Calhoun starb 1850, aber seine Lehre war im Süden lebendiger denn je, als sich die Republikanische Partei 1856 erstmals bei einer Präsidentschaftswahl stellte. Die führenden Sprecher der Südstaaten ließen kaum einen Zweifel daran, daß ein Sieg dieser neuen Partei unweigerlich die Sezession nach sich ziehen würde. Aber die Demokraten gewannen, und die Entscheidung wurde noch einmal vertagt. Nach 1856 schien sich die Lage etwas zu beruhigen, aber es war die Ruhe vor dem Sturm. Ein Jahr vor der nächsten Wahl schreckte ein Ereignis die Nation hoch, das wie ein Fanal kommendes Unheil ahnen ließ: die Revolte John Browns in Virginia.

Ouvertüre des Bürgerkrieges: der Kampf um das „blutende Kansas" im Jahre 1856. „Freiheit, die edle Jungfrau von Kansas, in den Händen der ‚Grenzschläger'" ist diese nordstaatlerische, gegen die Demokratische Partei gerichtete Karikatur betitelt. Die Führer der Demokraten – in der Mitte Präsident Pierce, links sein Nachfolger Buchanan, rechts Stephen Douglas, der Initiator des Kansas-Nebraska-Gesetzes – beteiligten sich persönlich an den Greueln, die hier an den Sklavereigegnern verübt werden, und schrecken auch vor dem Skalpieren nicht zurück.

Ein Sammelbecken der Reformbewegungen: Die junge Republikanische Partei trat 1856 mit ihrem Kandidaten John C. Frémont zum ersten Mal bei einer Präsidentenwahl an. Die antirepublikanische Karikatur von Louis Maurer drückt die Haltung vieler Amerikaner gegenüber bestimmten Minderheiten und Neuerungsbestrebungen aus. Ein aufgeputzter Neger führt den Zug an, der dem Kandidaten seine Forderungen vorträgt. Hinter ihm ein katholischer Priester, (tatsächlich gehörten Katholiken, vor allem Iren, zum festen Wählerpotential der Demokraten). Es folgen eine alte Jungfer, die die freie Liebe propagiert, ein sozialistischer Lumpenproletarier, eine zigarrenrauchende Frauenrechtlerin und ein Antialkoholiker, der das Trinken von Lagerbier zum Kapitalverbrechen erklären will.

Ein Wahlsieg, der die Union noch einmal rettete: Präsident James Buchanan (1791–1868) und sein demokratisches Kabinett. Schon bald warf man im Norden dem wenig energischen Politiker aus Pennsylvania Hörigkeit gegenüber den Sklavenhaltern vor. (Library of Congress)

John Brown war eine charismatische Führergestalt von alttestamentarischem Zuschnitt, doch grenzte sein Fanatismus schon ans Psychopathische. In Kansas hatte er mit seinen Leuten etliche Südstaatenanhänger aus den Betten geholt und mit Schwertern in Stücke gehackt. Für das Jahr 1859 bereitete er mit Unterstützung extremer Abolitionisten eine Sklavenerhebung größten Stils vor. Er wollte das US-Arsenal in Harper's Ferry im Handstreich erobern, die Sklaven bewaffnen, in den Appalachen einen Negerstaat gründen und von dort aus den Süden mit Terror überziehen, bis das verhaßte System zusammenbrach. Der erste Teil des Planes gelang, alles weitere scheiterte schon daran, daß die erwarteten revolutionsbereiten Sklavenmassen sich nicht einfanden. John Brown und die Überlebenden seiner 18 Mann wurden von Marineinfanteristen unter Colonel Robert E. Lee überwältigt und vor Gericht gestellt.

Am 2. Dezember 1859 wurde John Brown gehängt, und sein Tod machte ihn für viele Nordstaatler zum Märtyrer, dessen Seele weitermarschierte, wenn auch der Körper modernd im Grunde lag, wie es in einem der populärsten Kampflieder des Bürgerkrieges hieß. Die Reaktion im Norden verschlimmerte noch den panischen Schrecken, den John Browns Überfall im Süden ausgelöst hatte, denn jetzt schien der lange gehegte Verdacht bestätigt, die Nordstaatler würden nicht davor zurückschrecken, mit Sabotage und Terror, mit Feuer und Schwert gegen die Sklavenhalterstaaten vorzugehen. Es war ein schicksalsschweres Vermächtnis, das der alte Fanatiker hinterließ, als man ihn zum Galgen führte: „Ich, John Brown, bin jetzt fest davon überzeugt, daß die Verbrechen dieses schuldigen Landes nie werden anders gesühnt werden können als mit Blut."

Reden, die die Nation aufhorchen ließen: 1858 lieferten sich in Illinois der Demokrat Stephen Douglas, der „kleine Gigant", und der Republikaner Abraham Lincoln beim Wahlkampf um einen Sitz im Senat Rededuelle, in denen sie die grundsätzlichen Fragen des Landes diskutierten. Douglas gewann die Wahl, aber der bis dahin unbekannte Lincoln war zur nationalen Figur geworden.
(Illinois State Historical Library und Library of Congress)

Der Vater der Sezession: John C. Calhoun aus South Carolina (1782–1850) gehörte der gleichen Generation gewaltiger Redner und Parlamentarier an wie Clay und Webster. Er entwickelte sich jedoch vom Nationalisten zum entschiedensten Verfechter der Lehre von den Rechten der Einzelstaaten und zum konservativen Vorkämpfer der Sonderinteressen des Südens.

Ein südstaatlerischer „Feuerfresser": Edmund Ruffin aus Virginia (1794–1865), Agrarreformer und Altsezessionist, feuerte persönlich einen der ersten Schüsse des Krieges auf Fort Sumter ab. Auch einer der letzten Schüsse des Krieges wurde von ihm abgegeben: Als die Niederlage des Südens feststand, hüllte er sich in eine konföderierte Flagge und erschoß sich.
(National Archives)

Prophet der Gewalt: John Brown aus Connecticut (1800–1859) in einer Aufnahme aus dem Jahre 1856. Drei Jahre später, beim Überfall auf Harper's Ferry, trug er einen wallenden Bart. (Kansas State Historical Society, Topeka)

Märtyrer des Abolitionismus: Im fernen Europa malte Victor Hugo diese Skizze von John Browns Hinrichtung. (Bibliothèque Nationale, Paris)

Der Schauplatz des Geschehens: das Bundesarsenal in Harper's Ferry, Virginia. Im Maschinenhaus links im Vordergrund verschanzte sich John Brown mit seinen Anhängern und einigen Geiseln. (Baltimore & Ohio Museum)

Die Reaktion im Süden: virginische Miliz, aufgeboten zur Niederkämpfung John Browns. (Valentine Museum, Richmond, Va.)

I'll give Bill Seward a taste of his higher Law
Call you this backing your friend?
IRREPRESSIBLE CONFLICT
NORTH
SOUTH
CONSTITUTION

DAS GETEILTE HAUS

Der Spaltung der Nation ging die Spaltung der Demokratischen Partei voraus. Mit den Republikanern besaß der Norden bereits eine eigene politische Formation, aber die Demokraten bildeten noch eine über den feindlichen Landesteilen stehende Partei. Diese Konstellation sollte den Konvent des Jahres 1860 nicht überleben, auf dem der Kandidat für den anstehenden Präsidentschaftswahlkampf bestimmt werden sollte.

Stephen Douglas, der sich während der Kansas-Krise gegen den Süden gestellt hatte, war für diesen nicht mehr akzeptabel. Angeführt von William Yancey aus Alabama, erhoben die radikalen Vertreter des tiefen Südens so exzessive Forderungen zum Schutz der Sklaverei in den Territorien, daß die Nordstaatler nicht mehr mitmachen wollten. Der Konvent brach auseinander, und die Norddemokraten nominierten Stephen Douglas, die Süddemokraten John C. Breckinridge, einen eher gemäßigten Mann. Die Spaltung der Demokraten machte einen Sieg der Republikaner fast unvermeidlich, zumal es nach der Aufnahme von Minnesota und Oregon mittlerweile 18 „freie" gegenüber 15 Sklavenhalterstaaten gab. Nicht genug damit, splitterte noch ein weiterer Kandidat das antirepublikanische Lager auf, nämlich John Bell mit seiner Nationalen Verfassungsunion, der die versöhnlichen Elemente um sich zu scharen hoffte.

Auch bei den Republikanern gab es Flügelkämpfe, aber sie gefährdeten keinen Augenblick den Zusammenhalt der jungen Partei. Der Favorit, Senator Seward aus New York, konnte sich nicht durchsetzen, da er sich in der Sklavereifrage zu scharf geäußert hatte, um hoffen zu können, alle Nordweststaaten zu gewinnen. So einigte man sich auf den als gemäßigt geltenden, seinen heimischen Westen ansprechenden Lincoln.

Das Ergebnis der Wahl vom 6. November 1860 konnte bei dieser Konstellation nicht überraschen. Lincoln erhielt die Wahlmännerstimmen sämtlicher Nordstaaten mit Ausnahme von New Jersey, Breckinridge setzte sich in der Mehrzahl der Sklavenhalterstaaten durch, Bell gewann einige der oberen Südstaaten, und Douglas, der an Wählerstimmen an zweiter Stelle hinter Lincoln rangierte, konnte im Wahlmännerkollegium nur die Stimmen von Missouri und drei der sieben Stimmen von New Jersey für sich verbuchen. An Wählerstimmen gemessen, war Lincoln ein ausgesprochener Minderheitenpräsident: 1 866 432 Amerikaner hatten für ihn gestimmt, 2 815 617 für seine drei Gegner zusammengenommen. Im Wahlmännerkollegium aber fiel sein Sieg eindeutig aus: 180 Stimmen gegen zusammen 123. Wie weit die Polarisierung, vor allem im Süden, fortgeschritten war, macht die Tatsache deutlich, daß in zehn der Südstaaten buchstäblich kein einziger Mensch für Lincoln gestimmt hatte.

Es dauerte keine zwei Monate, und das lange Angekündigte und lange Befürchtete trat ein: Am 20. Dezember 1860 erklärte South Carolina „die Union mit anderen Staaten, bekannt als ‚Vereinigte Staaten von Amerika'" für gelöst. Der Beschluß wurde in Charleston inmitten eines unbeschreiblichen Taumels der Begeisterung gefaßt. Die Sezession war Wirklichkeit geworden.

Zwischen dem 9. Januar und 1. Februar 1861 folgten die Staaten Mississippi, Florida,

„Der ununterdrückbare Konflikt": Die spaltende Wirkung, die ein Wahlsieg der Republikanischen Partei auf die Nation haben müsse, ist Gegenstand dieser Karikatur von 1860. Abraham Lincoln, der Republikanische Präsidentschaftskandidat, hatte sich in seiner Jugend in Indiana als Lattenspalter betätigt, und dieser Umstand bot sich nun für mannigfache allegorische und symbolische Anspielungen an. Hier treibt Lincoln mit einem schweren Hammer, der ein Negergesicht trägt, einen Keil, beschriftet mit Sewards sprichwörtlichem „ununterdrückbaren Konflikt", in einen Baumstamm. Die Teile, in die dieser sich spaltet, sind bezeichnet als „Norden" und „Süden".

Die Spaltung der Demokratischen Partei: Während im Hintergrund die Republikanische Lokomotive „Gleichberechtigung" mit den Kandidaten Lincoln und Hamlin unaufhaltsam heranrollt, steht der demokratische Karren bewegungslos auf den Schienen und wird von zwei Maultierpaaren, den Nordkandidaten Douglas und Johnson und den Süddemokraten Breckinridge und Lane, in entgegengesetzte Richtungen gezogen.

Der Überraschungskandidat: Als sich der Republikanische Konvent im Mai 1860 in Chicago versammelte, war Senator Seward der große Favorit. Dementsprechend hat die Zeitschrift *Harper's Weekly* sein Porträt ins Zentrum einer Galerie prominenter Republikaner gesetzt. Lincolns Bild findet sich links unten, neben dem Frémonts, des geschlagenen Kandidaten von 1856. Eine wichtige Rolle spielte bei dieser unerwarteten Nominierung der Anführer der Delegation von Pennsylvania, Simon Cameron (mittlere Reihe ganz rechts), der dafür in Lincolns Kabinett das Kriegsministerium erhielt.

Alabama, Georgia, Lousiana und Texas dem Vorbild South Carolinas und erklärten ihren Austritt aus der Union. Die Abgeordneten dieser sieben sich nun als souverän erachtenden Staaten trafen sich in Montgomery in Alabama und beschlossen am 8. Februar 1861 die Verfassung der „Konföderierten Staaten von Amerika" (Confederate States of America, C.S.A.). Sie war eine leicht modifizierte Version der alten Verfassung der Vereinigten Staaten. Einen Tag später wählten sie Jefferson Davis aus Mississippi zum provisorischen Präsidenten (die Wahl wurde am 6. November durch das Volk bestätigt). Davis, ein Senator und ehemaliger Kriegsminister der Vereinigten Staaten, war keiner der radikalen Hitzköpfe, die die Sezessionsbewegung angeführt hatten, sondern ein gemäßigter Südstaaten-Nationalist.

Das neue Staatsgebilde umfaßte einstweilen nur die Hälfte der Südstaaten, der obere Süden verhielt sich noch abwartend. Viel hing nun von der Haltung der Regierung in Washington ab. Damals vergingen immer volle vier Monate, bis ein neu gewählter Präsident sein Amt antrat. Der alte Präsident, der fast 70jährige James Buchanan, begegnete der Sezessionskrise unentschlossen. Er verurteilte den Schritt South Carolinas und der anderen ausgeschiedenen Südstaaten als verfassungswidrig, unternahm aber nichts, um die Autorität des Bundes durchzusetzen. Mit einer Armee von nur 16 000 Mann hätte er sich freilich auch schwergetan, irgendwelche machtvollen Maßnahmen einzuleiten. So beschränkte er sich darauf, offene Feindseligkeiten zu vermeiden und alles zu tun, um zu verhindern, daß der obere Süden sich der Sezession anschloß. Solange das nicht der Fall war, konnte man noch hoffen, die Krise sei nur vorübergehend.

Mittlerweile traten verschiedene Kommissionen zusammen, die Kompromißlösungen zu finden versuchten. Besonders die Grenzstaaten, die sich ja in einem argen Dilemma befanden, taten sich bei diesen Bemühungen hervor. Es war indes ein wenig aussichtsreiches Unterfangen, da es den Konföderierten Staaten tödlich ernst war mit ihrer Unabhängigkeit und da der gewählte Präsident, Abraham Lincoln, es strikt

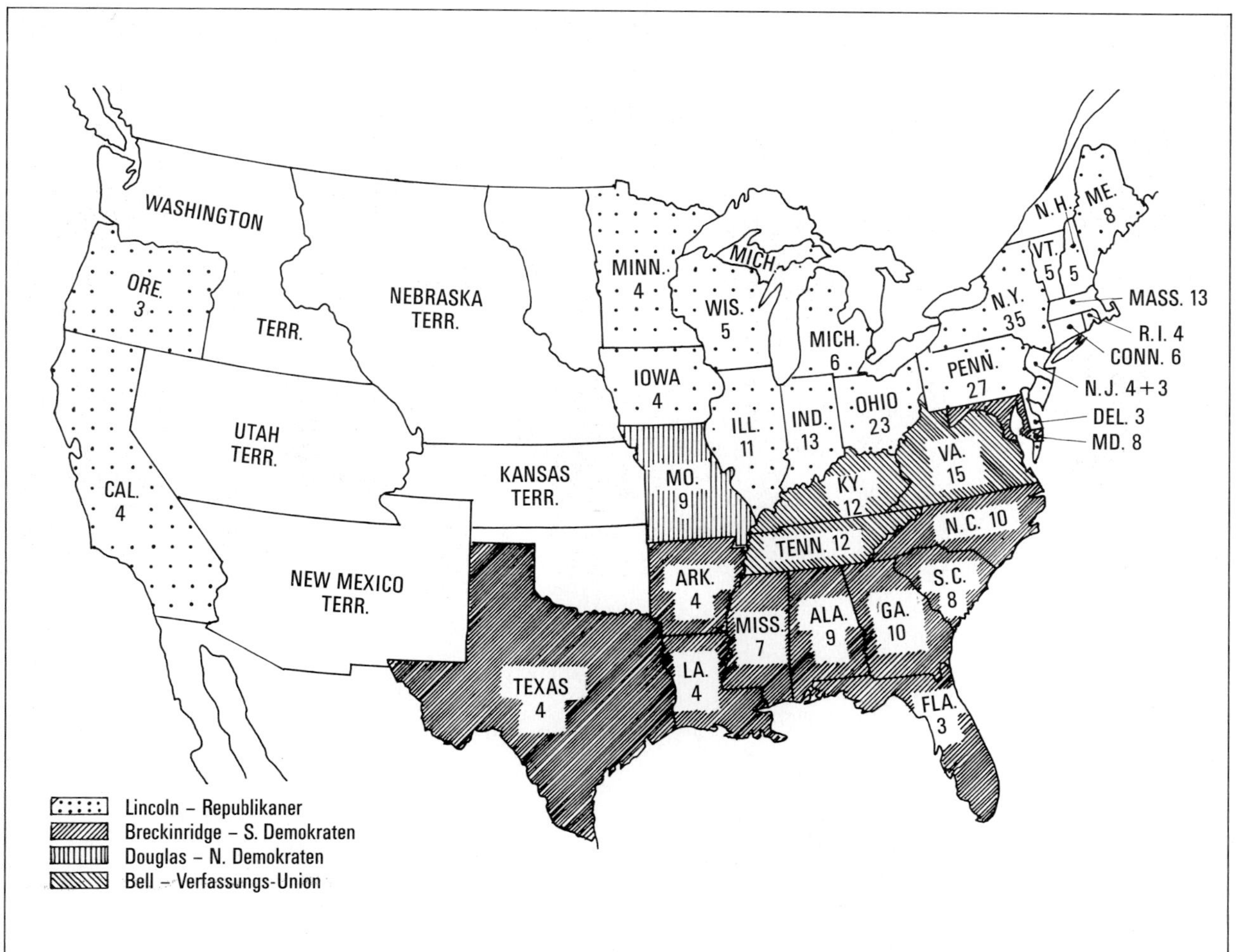

Die Präsidentschaftswahl von 1860. Die Zahlen bedeuten die dem jeweiligen Staat zustehenden Stimmen im Wahlmännerkollegium (abhängig von der Größe der Bevölkerung).

Der Kandidat kurz nach seiner Nominierung: Aufnahme von Alexander Hesler, Juni 1860. (Kean Archives, Philadelphia, Pa.)

Der Wahlkampf 1860: Lincoln, in weißem Anzug, steht neben dem Eingang seines Hauses in Springfield, Illinois, um zu einer Schar von Anhängern zu sprechen. (Chicago Historical Society)

Der fast unvermeidliche Wahlsieg: Diese im November 1860 veröffentlichte Karikatur zeigt die Kandidaten als Baseballspieler und bedient sich der Terminologie des während der 50er Jahre in Mode gekommenen Spiels. Lincoln hat, eine Zaunlatte mit der Aufschrift „Gleichberechtigung und freies Territorium" statt des üblichen Schlägers benutzend und gestützt auf seine Heimbasis im Nordwesten, die drei Gegenkandidaten auf ihre Plätze verwiesen. Links stehen verdutzt John Bell von der Nationalen Verfassungsunion und der Norddemokrat Stephen Douglas, während der Süddemokrat John Breckinridge sich davonmacht und sich die Nase zuhält wegen der Düfte, die das Stinktier in der Mitte verbreitet („skunked" ist auch ein Begriff aus der Baseballsprache).

Der Norden jubelt: Siegesparade der Lincoln-Anhänger in Mohawk, New York. Hinter der Musikkapelle sind die republikanischen „Wide Awakes" zu erkennen, die in ihrem eigentümlichen Aufzug dem Wahlkampf von 1860 ein besonderes Gepräge gegeben hatten. Sie tragen geölte Umhänge und Kappen, um sich vor dem herabtropfenden Petroleum ihrer Kerosenfackeln zu schützen, die sie auf Zaunstangen mit sich trugen.
(Lloyd Ostendorf Collection)

South Carolina tritt aus der Union aus: „Die Union ist aufgelöst!" lautete die triumphierende Schlagzeile auf dem Extrablatt des Charleston Mercury, das die Sezession des ersten Südstaats am 20. Dezember 1860 mitteilt.
(National Archives)

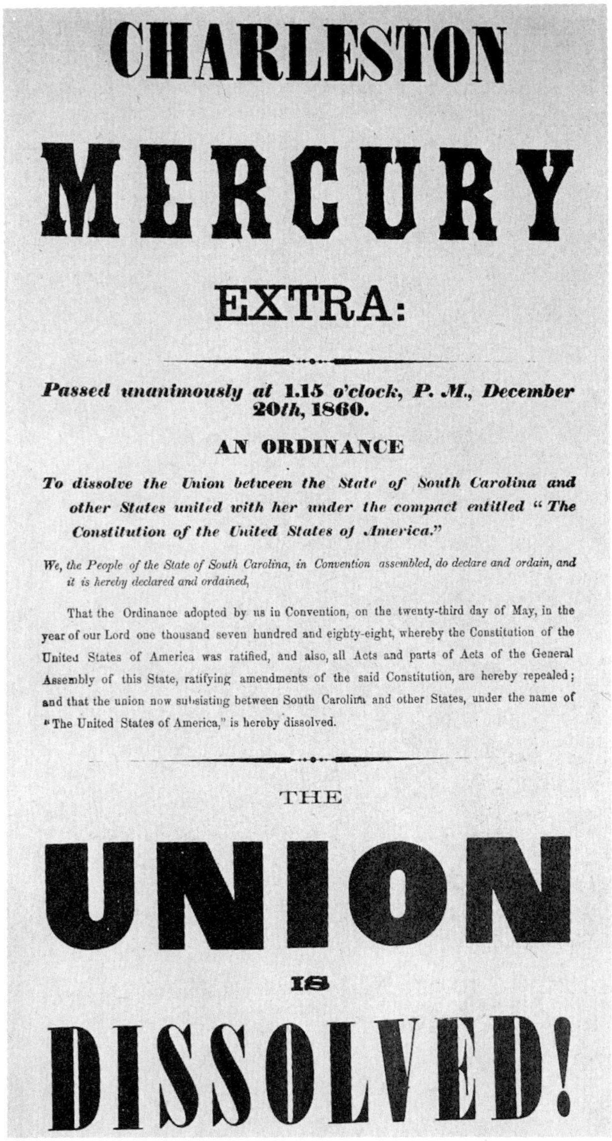

CHARLESTON MERCURY

EXTRA:

Passed unanimously at 1.15 o'clock, P. M., December 20th, 1860.

AN ORDINANCE

To dissolve the Union between the State of South Carolina and other States united with her under the compact entitled "The Constitution of the United States of America."

We, the People of the State of South Carolina, in Convention assembled, do declare and ordain, and it is hereby declared and ordained,

That the Ordinance adopted by us in Convention, on the twenty-third day of May, in the year of our Lord one thousand seven hundred and eighty-eight, whereby the Constitution of the United States of America was ratified, and also, all Acts and parts of Acts of the General Assembly of this State, ratifying amendments of the said Constitution, are hereby repealed; and that the union now subsisting between South Carolina and other States, under the name of "The United States of America," is hereby dissolved.

THE

UNION

IS

DISSOLVED!

Die „Sezessionsbewegung": Angeführt von South Carolina rasen die anderen sechs Staaten des tiefen Südens auf ihren Eseln dem Schmetterling „Sezessionshumbug" nach und dem Abgrund entgegen. „Das Rennen schaffen wir blind – Baumwolle ist König!" ruft Alabama.
(National Archives)

Präsident des Südens: Jefferson Davis (1808 – 1889), der nur wenige Kilometer von der Blockhütte in Kentucky entfernt geboren worden war, in der Abraham Lincoln 1809 das Licht der Welt erblickt hatte, wurde am 18. Februar 1861 als erster und letzter Präsident der Konföderierten Staaten von Amerika vereidigt. Der erfahrene und profilierte Politiker, der auch über eine gute militärische Ausbildung verfügte, erschien den meisten Beobachtern als der weit geeignetere Mann für sein schweres Amt als der Neuling im Weißen Haus. (National Archives)

Geburt einer neuen Nation: Vereidigung des konföderierten Präsidenten Davis auf dem Balkon des Staatshauses von Alabama in Montgomery am 18. Februar 1861. Photo von A.C. McIntyre. (National Archives)

ablehnte, in der Frage der westlichen Territorien irgendwelche Zugeständnisse zu machen.

Lincoln war durchaus kein Abolitionist. Wieder und wieder versprach er dem Süden, er werde sich nicht in dessen Angelegenheiten einmischen, wo die Sklaverei bereits existierte. Auch war er bereit, die Durchführung der im Norden so unpopulären Sklavenfluchtgesetze zu garantieren. Aber die Ausdehnung der Sklaverei in irgendeines der westlichen Territorien kam für ihn nicht in Frage, denn das hätte die unheilvolle Aufspaltung der Union in zwei feindliche Lager nur verewigt, während eine Beschränkung der Sklaverei auf ihr derzeitiges Gebiet nach Lincolns Überzeugung zu einem allmählichen Absterben der Institution führen mußte.

Lincoln war in erster Linie ein Nationalist. Wenn er auch die Sklaverei persönlich ablehnte, so interessierte sie ihn politisch doch nur insofern, als sie die Einheit der Union gefährdete. Noch am 22. August 1862, mitten im Krieg, schrieb er an Horace Greeley: „Könnte ich die Union erhalten, ohne auch nur einen Sklaven zu befreien, würde ich es tun, könnte ich sie erhalten, indem ich alle Sklaven befreite, ich würde es tun; und wenn ich sie erhalten könnte, indem ich einige befreite und einige nicht, ich würde es gleichfalls tun. Alles, was ich in bezug auf die Sklaverei und die farbige Rasse unternehme, tue ich, weil ich glaube, es könnte helfen, die Union zu retten." Diese Union existierte für Lincoln auch nach der Sezession fort, da nach seiner Ansicht kein Staat legal seine Mitgliedschaft im Bund aufkündigen konnte.

Am 4. März 1861 trat der neue Präsident der nun nicht mehr Vereinigten Staaten in Washington sein Amt an. In seiner Rede wandte er sich an den abtrünnigen Teil der Nation: „In euren Händen, meine mißvergnügten Landsleute, und nicht in meinen liegt die ungeheure Frage eines Bürgerkrieges. Die Regierung wird euch nicht angreifen. Ihr könnt keinen Kampf haben, ohne selbst die Angreifer zu sein. Von euch kennt man im Himmel keinen Eid, mit dem ihr euch verpflichtet hättet, die Regierung zu zerstören, während ich den feierlichsten Eid abgelegt habe, sie zu erhalten, zu beschützen und zu verteidigen."

Präsident des Nordens: Abraham Lincoln am Tage seiner Vereidigung am 4. März 1861. In den Monaten nach der Wahl hatte er sich seinen berühmten Kinnbart wachsen lassen. Photo von Matthew Brady. (National Archives)

Ein geteiltes Haus: Vor der unvollendeten Kuppel des Kapitols übernahm Lincoln am 4. März 1861 die Regierung über eine gespaltene Nation. Photo von M.C. Meigs. (Library of Congress)

UND DER KRIEG KAM

Am 4. März 1865, genau vier Jahre nach seiner Warnung an die „mißvergnügten Landsleute", stand Abraham Lincoln wieder vor dem Kapitol und hielt eine Amtseinführungsrede. Was inzwischen geschehen war, sah er ruhig, fatalistisch, ohne eigentliche Schuldzuweisung: „Keine der beiden Seiten wollte den Krieg, aber die eine von ihnen war eher bereit, Krieg zu führen, als die Nation überleben zu lassen, die andere, Krieg hinzunehmen, als sie untergehen zu lassen. Und der Krieg kam."

Der Krieg kam am 12. April 1861, als um 4.30 morgens im Hafen von Charleston eine Mörserbombe hochstieg, ihren feurigen Schweif durch die Dämmerung zog und krachend über Fort Sumter krepierte. Wenig später waren 43 konföderierte Geschütze gegen die auf einer künstlichen Insel gelegene Festung in Tätigkeit.

Die Krise um Fort Sumter war aus der Sezessionskrise erwachsen. Der Bund besaß im Territorium der nunmehrigen Konföderierten Staaten eine Reihe von Festungen, Depots und anderen Stützpunkten. Die meisten von diesen waren von der kleinen US-Armee nur ganz schwach besetzt gewesen und wurden ohne Widerstand den Staatstruppen überlassen. Zwei Forts aber befanden sich bei Amtsantritt Lincolns noch in der Hand der Unionsstreitkräfte. Das eine war Fort Pickens in Florida, das andere lag ausgerechnet in der Geburtsstadt und Hochburg der Sezessionsbewegung, in Charleston in South Carolina, eben Fort Sumter.

Die Inselfestung wurde bald zum Symbol. Die Konföderierten konnten keinen Stützpunkt der Bundesarmee auf ihrem Territorium, noch dazu in so provozierender Lage, dulden, ohne ihren Anspruch auf volle Souveränität aufs Spiel zu setzen; die Regierung in Washington konnte das Fort nicht aufgeben, ohne den Anschein zu erwecken, sie akzeptiere die Sezession als vollendete Tatsache und verzichte auf ihr Eigentum in den abgefallenen Staaten. Es war eine Prestigefrage, nicht zuletzt im Hinblick auf die immer noch zögernden Grenzstaaten.

Was die Situation von Fort Sumter vollends zur Zeitbombe werden ließ, war der Umstand, daß der 85 Köpfe zählenden Garnison der Proviant auszugehen drohte. Am 6. April informierte Lincoln den Gouverneur von South Carolina, Schiffe seien in der Anfahrt, um die Festung zu versorgen. Damit hatte der Präsident den Sezessionisten die Initiative zugeschoben. Entweder sie sahen dieser Maßnahme tatenlos zu und riskierten einen fatalen Gesichtsverlust, oder sie griffen zu den Waffen, luden sich das Odium des ersten Schusses auf und erfüllten den empörten Norden mit der einmütigen Kriegsentschlossenheit, die erforderlich war, wenn die Union mit Gewalt wiederhergestellt werden sollte. „Der Plan gelang", äußerte sich Lincoln einige Wochen später, „sie griffen Sumter an, es fiel und hat so einen größeren Dienst erwiesen, als es sonst von Nutzen hätte sein können."

Am 11. April verlangten die Konföderierten ultimativ die Übergabe von Fort Sumter und eröffneten, als diese verweigert wurde, am 12. das Feuer auf die Festung. Einen Tag später kapitulierte die Garnison unter ehrenhaften Bedingungen. Als die abziehenden Unionssoldaten ihre Flagge mit Salutschüssen grüßten, fielen Funken

Morgengrauen des Krieges: Negersklaven bringen ein konföderiertes Geschütz gegen Fort Sumter in Stellung. Zeichnung von William Waud, März 1861. (Library of Congress)

Symbol an provozierendem Ort: Fort Sumter im Hafen von Charleston, South Carolina. Die fünfeckige Festung, mit deren Bau 1829 begonnen worden war, blieb von 85 Mann besetzt. Die Aufnahme von F.K. Houston ist unmittelbar nach der Beschießung entstanden und zeigt Beschädigungen durch Geschoßeinschläge. (Library of Congress)

Der erste Schußwechsel ist vorüber: Die Konföderierten hissen ihre neue Flagge, die „Stars and Bars", über Fort Sumter. Aufnahme von F.K. Houston, 15. April 1861. (U.S. Military History Institute, Carlisle Barracks, Pa.)

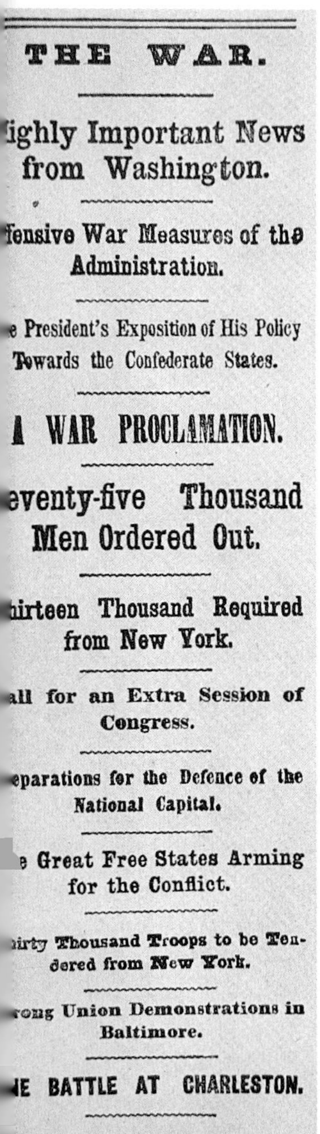

THE WAR.

ighly Important News from Washington.

fensive War Measures of the Administration.

e President's Exposition of His Policy Towards the Confederate States.

A WAR PROCLAMATION.

eventy-five Thousand Men Ordered Out.

hirteen Thousand Required from New York.

all for an Extra Session of Congress.

eparations for the Defence of the National Capital.

e Great Free States Arming for the Conflict.

hirty Thousand Troops to be Tendered from New York.

rong Union Demonstrations in Baltimore.

IE BATTLE AT CHARLESTON.

VACUATION OF FORT SUMTER.

Der Krieg ist da: Die Schlagzeilen des „New York Herald" berichteten von Lincolns Aufruf der 75000 Freiwilligen vom 15. April und setzen sie einer offiziellen Kriegserklärung gleich.

Die Nation im Kriegsfieber: patriotische Versammlung vor dem Postamt in Detroit, Michigan, April 1861. (Burton Historical Collection, Detroit Public Library)

Der Verteidiger und sein Stab: Major Robert Anderson aus Kentucky (1805 – 1871) inmitten seiner Offiziere (Anderson bartlos, neben ihm sitzend, mit Schnurrbart und Säbel, Captain Abner Doubleday). Das Photo wurde vor Ausbruch der Feindseligkeiten von George S. Cook in Charleston gemacht. (U.S. Military History Institute, Carlisle Barracks, Pa.)

Der Sieger von Fort Sumter: General Pierre Gustave Toutant Beauregard (1818 – 1893), der die konföderierten Truppen im Hafen von Charleston befehligte, wurde zum ersten Nationalhelden des Südens. Der Kreole aus Louisiana, den dieses Bild noch in Unionsuniform zeigt, war bis Februar 1861 Direktor der US-Militärakademie in West Point gewesen.

Eine leichte Beute des Südens: Die Warrington-Werft der US-Marine bei Pensacola, Florida, mit ihren sorgsam aufgeschichteten Reihen von Kanonenkugeln und dem im Umbau befindlichen Raddampfer Fulton wurde den Konföderierten wie fast alle Forts und Arsenale im Süden widerstandslos überlassen. Aufnahme von J.D. Edwards, April 1861. (Southern Historical Collection, University of North Carolina, Chapel Hill)

Aufbruch ins Abenteuer: Soldat der 7. New Yorker Infanterie, Frühjahr 1861. (Library of Congress)

in einen Munitionsstapel, und die Explosion tötete einen Mann auf der Stelle und verwundete einen zweiten tödlich. Es waren die ersten Toten des Bürgerkrieges, denn die Beschießung selbst war trotz einem Aufwand von 4000 Kanonenkugeln, Granaten und Bomben auf beiden Seiten unblutig verlaufen.

Am 15. April erließ Präsident Lincoln eine Proklamation, in der es hieß, die Gesetze des Landes würden in den abgefallenen Staaten von Vereinigungen mißachtet, die zu mächtig seien, um auf dem Rechtsweg unterdrückt zu werden, weshalb er nun 75 000 Freiwillige für die Miliz aufrufe, um besagte Vereinigungen niederwerfen und dem Gesetz wieder überall Geltung verschaffen zu können. Das war praktisch die Kriegserklärung an die Konföderation. Vier Tage später verhängte Lincoln die Blockade über die Häfen der „aufständischen" Staaten, womit er sie freilich nach internationalem Recht als kriegführende Partei anerkannte.

Indem jetzt der unmittelbare Angriff der Unionsstreitkräfte auf das Territorium der Konföderation bevorstand, mußten die Staaten des oberen Südens Stellung beziehen. Angeführt von dem bedeutendsten unter ihnen, Virginia, schlossen sich in den Wochen nach Kriegsausbruch Tennessee, Arkansas und North Carolina der Konföderation des Südens an, die nun 11 Staaten umfaßte. Die Hauptstadt wurde von Montgomery in Alabama nach Richmond in Virginia verlegt, das nur 160 km südlich von Washington lag, der Hauptstadt der Rest-Union. Washington war damit zur Frontstadt geworden und drohte zeitweise völlig vom Norden abgeschnitten zu werden, da sich auch in Maryland starke prosezessionistische Kräfte regten. Aber schließlich konnte Maryland, nicht ohne Einsatz von Militär, in der Union gehalten werden.

Stabilisierend für die Lage Washingtons wirkte es sich auch aus, daß der bergige Westen Virginias, in dem es wenige Sklavenhalter gab, mit der Entscheidung seines Staates gar nicht einverstanden war und sich selbständig zu machen suchte, gewissermaßen eine Sezession von der Sezession. Unionstruppen rückten ein und schützten das Gebiet erfolgreich gegen die Rückeroberungsversuche Virginias und der Konföderierten. 1863 wurde West-Virginia als eigener Staat in die Union aufgenommen.

Auch der gebirgige Ostteil von Tennessee war unionstreu, doch kam es hier zu keiner Spaltung des Staates. Kentucky erklärte sich für neutral, blieb aber in der Union, obwohl es eine konföderierte Gegenregierung gab und der Staat von Richmond beansprucht wurde. Das war auch mit Missouri der Fall, wo die energisch geführte Unionspartei, die sich stark auf die deutschen Einwanderer stützen konnte, es verhinderte, daß die Sezessionisten gleich am Anfang des Krieges die Oberhand gewannen.

All diese Grenzstaaten lieferten beiden Seiten zahlreiche Rekruten, oft ging der Riß mitten durch die Familien. Besonders in Missouri nahm der Kleinkrieg bisweilen die bösartigen, von persönlichem Haß diktierten Formen an, wie man sie gemeinhin mit einem Bürgerkrieg verbindet.

Während sich in den Grenzstaaten die Fronten klärten, sammelten sich im Raum zwischen den feindlichen Hauptstädten die ersten größeren Armeen. Das ging äußerst langsam und schwerfällig vor sich, da beide Seiten auf den Krieg überhaupt nicht vorbereitet waren. Die reguläre US-Armee war nur 16 000 Mann stark und stand vor allem an der Westgrenze verteilt, um die Siedler vor den Indianern zu schützen. Die auf dem Papier sehr zahlreichen Milizeinheiten waren bis auf wenige Ausnahmen kaum ausgebildet, uniformiert oder bewaffnet. Die Armeen, die den Bürgerkrieg ausfechten sollten, mußten aus dem Boden gestampft werden. Es ist eine bemerkenswerte Tatsache, daß der schwerste und blutigste militärische Konflikt, der in der Zeit zwischen den napoleonischen Kriegen und dem Ersten Weltkrieg stattfand, nicht im waffenstarrenden Europa ausbrach, sondern in Nordamerika, aus einem militärischen und rüstungswirtschaftlichen Vakuum heraus.

Die Schwäche der amerikanischen Armee erklärte sich zum einen daraus, daß die USA weder einen halbwegs ebenbürtigen Gegner an einer ihrer Grenzen stehen hatten, der ihnen ernsthaft hätte gefährlich werden können, noch in die internationale Machtpolitik verstrickt waren. Zum anderen

Herr und Sklave ziehen gemeinsam in den Krieg: Andrew Chandler mit seinem Neger Silas Chandler. Beide tragen die bei den Südstaatlern am Anfang des Krieges so populären riesigen Messer. Nicht wenige Konföderierte nahmen ihre Diener ins Feld mit, doch erst ganz am Ende des Krieges, als es schon zu spät war, beschloß man, Kampftruppen aus Schwarzen aufzustellen. (Sterling Chandler und Richard S. Young)

Ein Held der ersten Stunde: Colonel E. Elmer Ellsworth (1837 – 1861, 2. v.l. mit verschränkten Armen) mit Offizieren der 6. New Yorker Staatsmiliz. Ellsworth hatte die New Yorker „Feuerzuaven" aufgestellt, ein Regiment, das, wie etliche auf beiden Seiten, den nordafrikanischen Eliteeinheiten der französischen Armee nachempfunden war. Französischer Einfluß bestimmte überhaupt die Uniformen und die Reglements der Armeen im Norden wie im Süden. Ellsworth wurde 1861 von einem Wirt in Alexandria, Virginia erschossen, als er eigenhändig von dessen Haus eine konföderierte Fahne entfernte. Er war einer der ersten Offiziere, die den Tod fanden. (Chicago Historical Society)

„Die Union auf immer!
Hurra, Boys, Hurra!
Nieder mit dem Verrat und hoch den Stern!
Und wir scharen uns um die Fahne,
Scharen uns noch einmal
Und rufen den Schlachtschrei der Freiheit."
(Refrain von „Battle Cry of Freedom", einem der beliebtesten Kampflieder der Unionsseite.) Die 1. Michigan-Infanterie erhält in Detroit vor dem Abmarsch ihre Fahnen, 1. Mai 1861. (Burton Historical Collection, Detroit Public Library)

„Hurra, Hurra!
Für die Rechte des Südens, Hurra!
Hurra für die schöne blaue Flagge,
Die ziert ein einziger Stern!"
(Refrain von „The Bonnie Blue Flag", nächst „Dixie" dem populärsten Nationallied der Konföderation.) Die Louisiana-Zuaven paradieren in Pensacola, Florida, April 1861. Aufnahme von J.D. Edwards. (Southern Historical Collection, The University of North Carolina at Chapel Hill)

Die Deutschen im Bürgerkrieg:
In den 40er und 50er Jahren war die deutsche Auswanderung nach Amerika sprunghaft angestiegen. Da die meisten von ihnen in den Nordwesten gingen, kam die Mehrzahl auf die Seite der Union zu stehen. Es wurde eine ganze Reihe rein deutscher Regimenter aufgestellt, die meist von einflußreichen politischen Führern kommandiert wurden. Bei diesen handelte es sich oft um Revolutionäre von 1848.

Der bekannteste der deutschen Politiker war Carl Schurz (1829 – 1906), der nach der Revolution von 1848 in die USA geflohen war. Während des Bürgerkrieges diente er der Union als General, obwohl seine militärischen Fähigkeiten eher bescheiden waren. Unter Grant wurde er Innenminister und leitete zahlreiche Reformen. Das Photo zeigt ihn als General im Jahre 1862. (Archiv für Kunst und Geschichte, Berlin)

Eine herausragende Figur im amerikanischen Universitätsleben der Bürgerkriegsära war der in Berlin geborene Franz Lieber (1800 – 1872). Während des Bürgerkrieges stand Lieber dem radikalen Flügel der Republikaner nahe. Seine bedeutendste Leistung war die Abfassung der kriegsrechtlichen Artikel, nach denen die Unionsarmee verfuhr.

Franz Sigel (1824 – 1902) war ein anderer 48er, ehemaliger Kriegsminister der badischen Revolutionsregierung. Er wurde im Bürgerkrieg General der Unionsarmee; er ver-

dankte diese Stellung dem politischen Einfluß, den er auf seine Landsleute ausübte. „I fights mit Sigel" war ein geflügeltes Wort der bei den Nordstaatlern dienenden Deutschen. (U.S. Military History Institute, Carlisle Barracks, Pa.)

Eine Reihe von deutschen Offizieren folgte den Ereignissen als Beobachter und Mitkämpfer. Zu ihnen gehörte der preußische Major Heros von Borcke, der als Stabschef des konföderierten Reitergenerals „Jeb" Stuart diente. (S. 86, u. r.) (Valentine Museum, Richmond, Va.)

Ludwig Blenker aus Worms (1812 – 1863), der hier in der Mitte der Offiziere der 8. New Yorker Infanterie zu sehen ist, hatte in der bayerischen Armee angefangen und 1849 als Oberst den Revolutionären in Baden und der Pfalz gedient. Auch ihm war es nicht vergönnt, sich in Amerika mit viel militärischem Ruhm zu bedecken, bevor er, im Range eines Brigadegenerals der Union, an den Folgen eines Pferdesturzes starb. (National Archives)

Der junge Ferdinand Graf Zeppelin (1838 – 1917) verfolgte einige Monate die Operationen der Unionstruppen in Virginia. Damals erlebte der spätere Luftschiffpionier auch seinen ersten Ballonaufstieg. Zeppelin (mit blondem Schnurrbart) kauert auf diesem Bild zwischen drei Unionsoffizieren und dem schwedischen Beobachter Leutnant Rosenkranz (rechts).

Feindliche Klassenkameraden: Die Mehrzahl der hohen Offiziere des Bürgerkrieges war in der Militärakademie von West Point im Staate New York ausgebildet worden. Die 1802 gegründete Anstalt gehörte zu den besten Kadettenanstalten der Welt, wurde aber in der antimilitaristischen Stimmung in Amerika vielfach angefeindet. Von den 1080 Offizieren der regulären Armee im Jahre 1861 waren 821 West Pointer. Die späteren konföderierten Staaten stellten einen unverhältnismäßig hohen Prozentsatz an West-Point-Absolventen, 330 von 821, von denen aber fast die Hälfte, 162, der Union treu blieben. Allerdings wechselten gerade die besten Offiziere überwiegend zu den Konföderierten über.

Die Militärakademie von West Point im Hudson-Tal während des Bürgerkrieges. (National Archives, U.S. Signal Corps)

war sie in einem noch auf die Tage der britischen Herrschaft zurückgehenden Mißtrauen gegen jedes reguläre Militär begründet. In den Jahren vor 1861 hatte sich zwar die Gefahr eines Bürgerkrieges immer deutlicher abgezeichnet, aber man hatte daraus keine Konsequenzen für die Armee gezogen. So wurden beide Seiten vom Kriegsausbruch völlig überrascht.

Es kann daher nicht verwundern, daß die Operationen nur sehr schleppend in Gang kamen. Außer einigen Scharmützeln in den Grenzstaaten kam es in den ersten drei Kriegsmonaten zu keinen nennenswerten Feindseligkeiten. Trotzdem war man auf beiden Seiten überzeugt, der Krieg werde nur von sehr kurzer Dauer sein. Im Norden wie im Süden unterschätzte man nicht nur die organisatorischen Probleme, die ein Krieg von dieser räumlichen Ausdehnung mit sich brachte, sondern vor allem die Entschlossenheit des Gegners, es auf einen ernsthaften Kampf ankommen zu lassen. Fast alle Südstaatler waren felsenfest davon überzeugt, einer von ihnen könne es jederzeit mit mehreren Yankees aufnehmen. Die Nordstaatler ihrerseits waren sicher, ein kräftiger Vorstoß würde genügen, um das Sternenbanner siegreich über der Rebellenhauptstadt aufzupflanzen, und damit sei dann der ganze Spuk vorbei.

Viele Freiwillige wurden nur auf 3 Monate verpflichtet, mit dem Ergebnis, daß am Vorabend der ersten größeren Schlacht bereits ganze Scharen wieder nach Hause gingen. Diese erste Schlacht, von der man sich allgemein die Entscheidung erwartete, fand am 21. Juli 1861 im Norden von Virginia statt, unweit von Washington. Die erfahrenen Kommandeure hätten zwar lieber noch gewartet, bevor sie sich mit ihren Amateurtruppen auf einen Waffengang einließen, von dem das Schicksal der Nation abhängen konnte, aber Presse, Politiker und die Massen auf der Straße wollten keinen Aufschub mehr dulden. „Auf nach Richmond!" war das Schlagwort in allen Zeitungen des Nordens.

Die Schlacht begann mit Rückschlägen für die Konföderierten, endete aber nach einem mehrstündigen Hin und Her mit der panischen Flucht des größten Teils der Nordstaatenarmee. Wären die Konföderierten energisch nachgestoßen, hätten sie Washington noch am gleichen Tag einnehmen können, aber sie waren selber viel zu sehr durcheinandergeraten und wohl auch zu siegestrunken, um eine solche Verfolgung durchzuführen. So brachte die erste Schlacht von Bull Run oder Manassas eine gewisse Ernüchterung mit sich, und man machte sich für die nächsten Monate wieder ans Organisieren, Drillen, Vorbereiten. „All quiet along the Potomac" – „Alles ruhig an der Potomac-Front" – hieß es Woche für Woche in den Zeitungen.

In der Monotonie der Feldlager und Übungsplätze erstarb langsam der fröhlich-ahnungslose Krieg der siegessicheren Amateure. Dann kam das Jahr 1862, und der Krieg begann im Ernst, und es sollte keine Pausen mehr geben.

West-Point-Kadetten im Jahre 1862. Die Hälfte ist mit der traditionellen hellgrauen Uniformjacke mit schwarzen Litzen und drei Reihen Knöpfen bekleidet. Bei offiziellen Anlässen wurde und wird der Tschako aus der Zeit des Krieges von 1812 getragen, ansonsten die gerade in der Armee übliche Kopfbedeckung. (U.S. Military History Institute, Carlisle Barracks)

Ein künftiger Reiterheld des Südens: John Ewell Brown Stuart, genannt „Jeb" oder „Beauty" Stuart aus Virginia (1833 – 1864). (Confederate Museum, New Orleans)

Ein puritanischer Exzentriker, der einer der größten Generäle des Bürgerkrieges werden sollte: Thomas Jonathan „Stonewall" Jackson aus Virginia (1824 – 1863). (U.S. Military History Institute, Carlisle Barracks)

Eine schicksalsschwere Entscheidung: Robert Edward Lee aus Virginia (1807 – 1870) wurde im April 1861 von Lincoln das Oberkommando über das Operationsheer der Union angeboten. Lee, ein gemäßigter Gegner der Sklaverei und Befürworter der Union, wurde durch die Sezession Virginias in einen schweren Gewissenskonflikt gestürzt. Die Loyalität gegenüber seinem Heimatstaat war aber stärker als die zur Union. So nahm Colonel Lee seinen Abschied von der US-Armee. Aufnahme aus dem Jahre 1851. (Chicago Historical Society)

Das Herrenhaus Lees auf den Höhen von Arlington, gegenüber Washington. Hier schickte er sein Abschiedsgesuch ab. Lee, der einer der vornehmsten Familien Virginias entstammte, hatte das Haus von seinem Schwiegervater, dem Stief- und Adoptivsohn George Washingtons, geerbt. Das Bild zeigt Arlington bereits von Unionstruppen besetzt, Konsequenz aus der Entscheidung seines Besitzers. Auf dem enteigneten Grundstück begann man während des Bürgerkrieges mit der Anlage des berühmten Nationalfriedhofes. (National Archives)

In Erwartung der Entscheidungsschlacht, die den Krieg beenden würde: Das 2. Infanterieregiment aus Michigan in Schlachtlinie. (The Burton Historical Collection, Detroit Public Library)

Die erste Schlacht von Bull Run: der Kampf. Feuerlinie der Freiwilligen aus Rhode Island unter ihrem Colonel Ambrose E. Burnside. Zeichnung von Alfred Waud. (Library of Congress)

Richmond in Sicherheit: Die Hauptstadt der Konföderation war durch den Sieg von Bull Run vorerst vor dem Zugriff der Unionsarmee gerettet. Die Ansicht zeigt rechts das von Thomas Jefferson nach dem Vorbild des Tempels von Nîmes entworfene Kapitol von Virginia, nunmehr Kapitol der Konföderation, ganz links die Reiterstatue George Washingtons, der nun von beiden Seiten als Nationalheld beansprucht wurde. Aufnahme von Levy & Cohen. (Kean Archives)

Präsident und First Lady des Südens: Jefferson Davis mit seiner Frau Verina. (Miller's Photographic History of the Civil War)

DAS SCHRECKLICH SCHNELLE SCHWERT

Je länger der Kampf dauerte, je totaler die Kriegführung wurde, desto mehr entwikkelte sich der Konflikt zu einer alle Lebensbereiche umfassenden Kraftprobe, wurde aus dem Schlagabtausch enthusiasmierter Freiwilliger ein rücksichtsloser Abnutzungskrieg, der das wirtschaftliche Leistungsvermögen und den moralischen Durchhaltewillen bis zur vollkommenen Erschöpfung der einen oder der anderen Seite forderte.

Vergleicht man die Ausgangslage der Nord- und der Südstaaten bei Kriegsbeginn anhand des statistischen Materials, dann erscheint die Situation der Konföderation geradezu aussichtslos, und man wundert sich allenfalls, daß sie den Widerstand überhaupt vier Jahre lang gegen eine solch erdrückende Übermacht aufrechterhalten konnte. Läßt man die unionstreuen, aber weit abgelegenen Staaten Kalifornien und Oregon und die Grenzstaaten, deren Potential beiden Seiten etwa in gleichem Maße zugute gekommen sein dürfte, außer Betracht, dann ergibt sich eine fast dreieinhalbfache Überlegenheit des Nordens an Menschen, die noch dadurch gesteigert wurde, daß man auf Unionsseite in erheblichem Maße neue Einwanderer und – in der zweiten Kriegshälfte – auch Schwarze einsetzte.

Die industrielle Kapazität der Unionsstaaten übertraf die der Konföderierten um annähernd das Zehnfache, die meisten Werften lagen im Norden, das Eisenbahnnetz war mehr als doppelt so dicht. Letzterer Umstand mußte es dem Süden erschweren, Truppen und Material rasch zu verschieben und wenigstens seine an sich hervorragend entwikkelte Landwirtschaft der Kriegführung zunutze zu machen. Da der Norden die zivile wie die militärische Schiffahrt kontrollierte, war es ihm möglich, die Häfen der Konföderation zu blockieren und diese daran zu hindern, ihre industrielle Unterlegenheit durch Importe aus Europa auszugleichen.

Der Süden unternahm verzweifelte Anstrengungen, um sich eine eigene Kriegsindustrie aufzubauen, und erreichte es, daß er, als die Blockade fast undurchlässig geworden war, sich mit dem nötigsten Kriegsbedarf selbst versorgen konnte. Dann aber kamen die großen Zerstörungen und Gebietsverluste des Jahres 1864, die ihm schließlich die materielle Basis zur Fortsetzung des Kampfes entzogen. So erstaunlich die Leistungen des Südens waren, sie reichten nicht im entferntesten hin, um den Vorsprung des Gegners aufzuholen. Wenn die Konföderation ihre Industrie fast aus dem Nichts schaffen mußte, brauchte die Union lediglich ihre Produktion auf Kriegsbedarf umzustellen, und der riesige Materialverschleiß gab der industriellen Entwicklung im Norden einen gewaltigen zusätzlichen Impuls. Menschenknappheit tat ein übriges, um die Kriegswirtschaft des Südens zu behindern. Es gab einfach zu wenig Männer, um gleichzeitig an der Front standzuhalten und eine moderne Rüstungsindustrie aufzubauen.

Trotz der krassen numerischen und materiellen Unterlegenheit der Südstaatler waren zu Kriegsbeginn nicht nur sie selber, sondern auch die meisten europäischen Beobachter von ihrem Erfolg überzeugt. Das hatte verschiedene Gründe. Zum einen rechnete man fest mit europäischer Unterstützung, da England und Frankreich die Blockade sprengen mußten, um an die für ihre Industrie unentbehrliche Baumwolle heranzukommen.

Der Krieg beginnt im Ernst: unidentifiziertes Unionsregiment in Schlachtlinie. (Behringer-Crawford Museum, Covington, Ky.)

Menschenmaterial: Angehörige der Kompanie B der 9. Mississippi-Infanterie in einem Lager bei Pensacola, Florida. Rekruten dieser Art – kleine Pflanzer, Farmer und „Hinterwäldler" – prägten den konföderierten Kampftruppen ihre Eigenarten auf, Kampfeslust und Härte, Selbstbewußtsein und eine geringe Neigung für formale Disziplin. Die Aufnahme ist am Anfang des Krieges entstanden, doch auch in den kommenden Jahren sollten viele südstaatlerische Einheiten eher „Multiformen" als „Uniformen" tragen. (Library of Congress)

Industriematerial: Schwere Artillerieeinheiten der Union warten an der Werft von Yorktown, Virginia, im Mai 1862 auf den Abtransport. Im Hintergrund stehen gezogene Parrott-30-Pfünder, im Vordergrund leichte Mörser. Die materielle Überlegenheit des Nordens kam in der Schlagkraft seiner Artillerie besonders zum Ausdruck. (Library of Congress)

Kriegsindustrie im Norden: Alfred Vaughns Eisengießerei in Norwich, Connecticut, war auf gußeiserne Zäune spezialisiert, stellte sich aber rasch auf Kriegsmaterial um. (Connecticut Historical Society)

Kriegsindustrie im Süden: Die neugegründeten Augusta-Pulverwerke in Georgia, die am Tag 25 Tonnen Schwarzpulver herstellten, waren die größte Pulvermühle in der Konföderation. Obwohl der Süden auf Salpeterimporte angewiesen war, die durch die Blockade gebracht werden mußten, verlor er keine einzige Schlacht aus Munitionsmangel. (Library of Congress)

„Niemand auf der Erde kann gegen Baumwolle Krieg führen", sagte Senator Hammond aus South Carolina, „Baumwolle ist König."

Zum anderen kämpfte der Süden in einem Unabhängigkeitskrieg, also brauchte er nur den Widerstand aufrechtzuerhalten, um zu gewinnen, während der Norden die Armeen der Konföderation aufsuchen und vernichten und das Gebiet des neuen Staatswesens besetzen mußte, also einen Eroberungskrieg zu führen hatte. Ein solches Ziel war, ernsthafter Verteidigungswillen im Süden vorausgesetzt, überhaupt nur mit erheblicher Übermacht und unter schweren Opfern zu erreichen, und es erschien durchaus fraglich, ob die Masse der Bevölkerung im Norden zu diesen bereit sein würde.

Der Soldat des Südens kämpfte für die Selbstbestimmung seines Landesteils, für die Aufrechterhaltung seiner Gesellschaftsordnung, für die Sicherung seines Besitzes, der des Nordens hatte keinen unmittelbaren persönlichen Bezug zu abstrakten Kriegszielen wie Aufrechterhaltung der Union oder Einschränkung der Sklaverei. Die Bekämpfung der letzteren war nur einer Minderheit ernsthaft einen Krieg wert, außerdem ging es vorerst gar nicht offiziell um die Sklaverei, sondern ausschließlich um die Einheit der Nation. Der Bevölkerung der Nordstaaten drohten keine greifbaren Nachteile, wenn man den Krieg aufgab und den Südstaatlern ihren Wunsch erfüllte, „allein gelassen zu werden".

Das beleidigte Nationalgefühl, der Wunsch, die „Rebellion" niederzuschlagen und ein Zerbröckeln der Republik zu verhindern, aber auch die lange geschürten Animositäten zwischen den Landesteilen und die Eigengesetzlichkeiten einer einmal angefachten Kriegsstimmung ließen die Mehrheit in den Nordstaaten selbst nach schweren Rückschlägen hinter der Kriegspolitik der Regierung stehen. So konnte sich das drükkende Übergewicht des Nordens langsam, aber unaufhaltsam auswirken.

Bei aller Entschlossenheit und Erbitterung, mit der auf beiden Seiten gekämpft wurde, kann von einer eigentlichen Ideologisierung oder von persönlichen Haßgefühlen bei den meisten Soldaten und Zivilisten

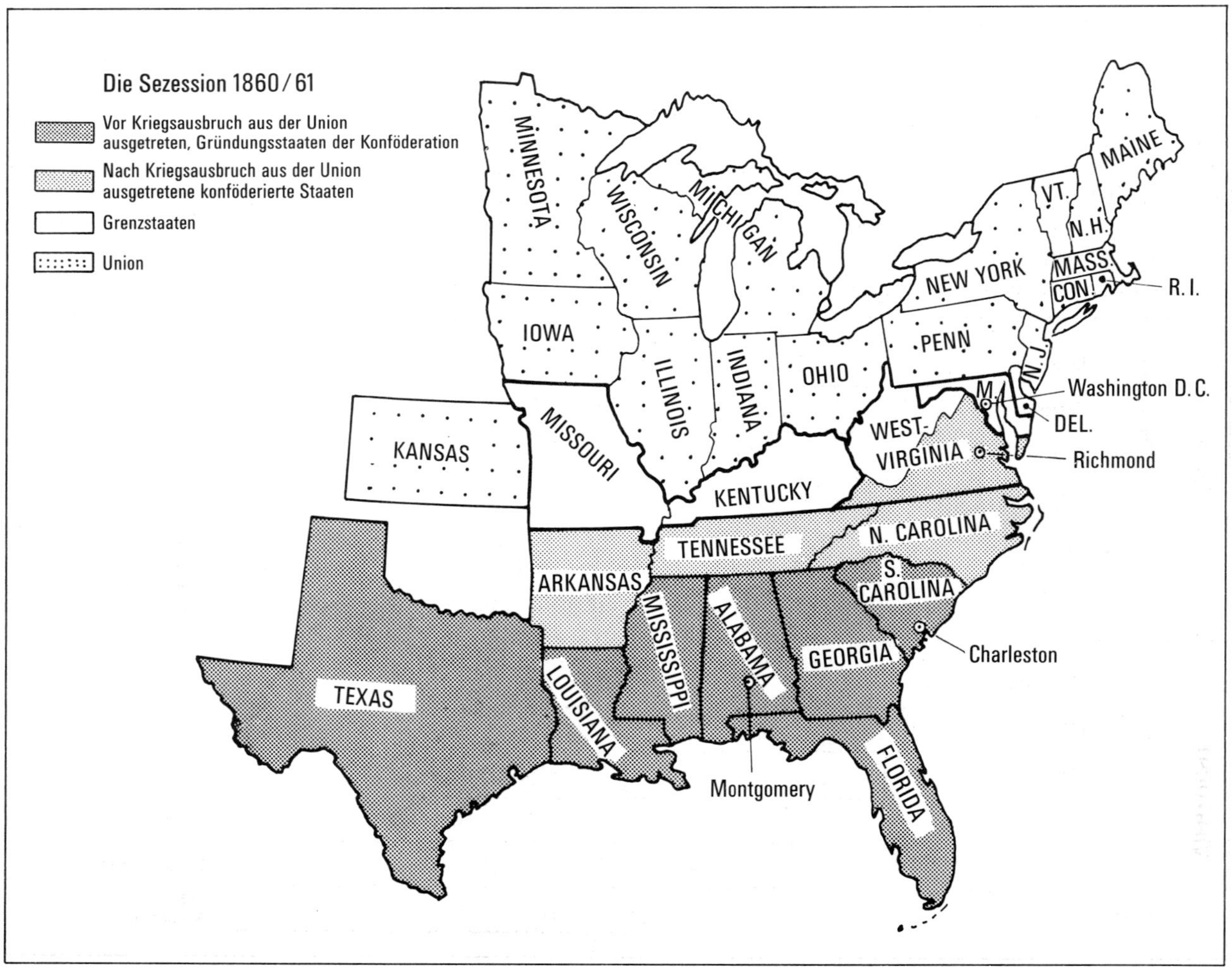

keine Rede sein. Absichtliche Grausamkeiten, wie sie für viele Bürgerkriege typisch sind, kamen nur sehr selten vor; die Soldaten begegneten einander geradezu kameradschaftlich.

Die Armeen waren im Norden wie im Süden sehr ähnlich strukturiert. Es waren und blieben im wesentlichen Freiwilligenarmeen. Patriotismus und Abenteuerlust wurden vor allem im Norden durch hohe Prämien unterstützt, die Bund und Einzelstaaten den sich für verschieden lange Dienstzeiten Verpflichtenden bezahlten. Nachdem sich herausgestellt hatte, daß mit einer schnellen Entscheidung nicht zu rechnen sein würde, überwog die Verpflichtung auf drei Jahre oder die Dauer des Krieges.

Der Süden sah sich angesichts der chronischen Unterlegenheit seiner Armeen zuerst veranlaßt, zur Wehrpflicht überzugehen. Das konföderierte Konskriptionsgesetz vom April 1862 war die erste derartige Maßnahme, die je von einer amerikanischen Regierung getroffen wurde, und erregte als Verstoß gegen die bürgerlichen Freiheiten heftige Opposition. Das galt erst recht für das im März 1863 erlassene Konskriptionsgesetz des Nordens, das in New York regelrechte Aufstände und Straßenschlachten verursachte.

Diese Gesetze sahen, wie in den meisten europäischen Ländern, zahlreiche Ausnahmen vor und gestatteten es, sich durch Geldzahlung oder Stellung eines Ersatzmannes

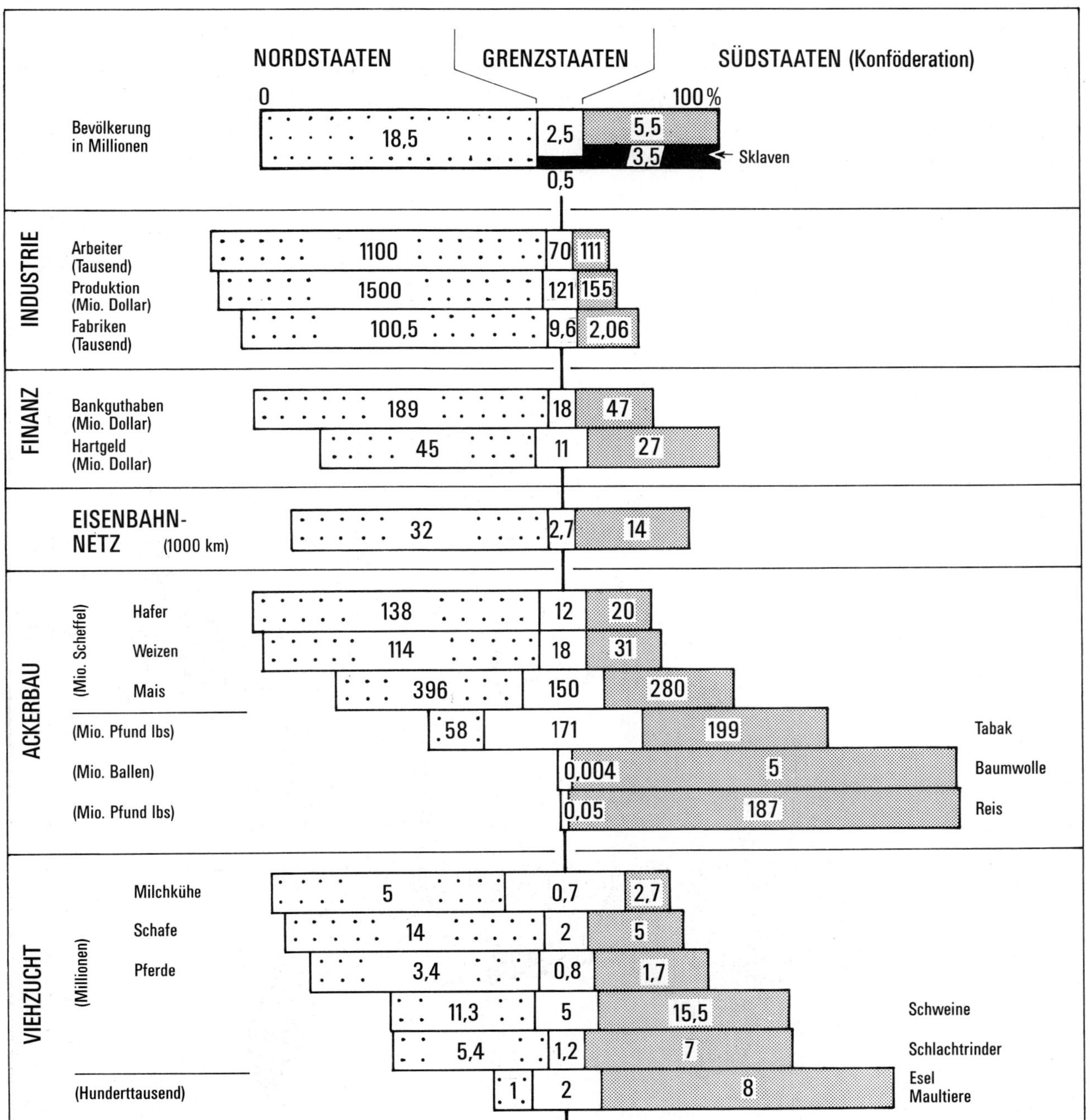

Verpflegung für die Armee: Kisten und Fässer mit Speck und Zwieback stapeln sich in Cedar Level, Virginia. Aufnahme aus dem Jahre 1864. (Library of Congress)

Vorläufer des Pentagons: das Kriegsministerium in Washington während des Bürgerkrieges (links), rechts das Marineministerium. (U.S. Military History Institute, Carlisle Barracks, Pa.)

Verwalter der Kriegsmaschine: Angehörige des Kriegsministeriums während des Bürgerkrieges. (Miller's Photographic History of the Civil War)

Verbrüderung zwischen den Schlachten: „Waffenstillstandsabkommen" und Tauschgeschäfte der Vorposten waren an der Tagesordnung. Die Zeichnung von Edwin Forbes zeigt Soldaten beider Seiten, die ihre Tauschgegenstände, Kaffee von den Yankees und Tabak von den Rebellen, zwischen sich ausgebreitet haben. Auf der Zeichnung von Arthur Lumley überreicht ein konföderierter Unteroffizier seinen Gegnern Tabak und eine Zeitung aus Richmond, er erhält dafür den *New York Herald*. Im Hintergrund naht ein Offizier, der zur Empörung seiner Leute den Rebellen gefangennehmen läßt.
(Beide Library of Congress)

„Inmitten des Zweifels, im Zusammenbruch der Überzeugungen, gibt es eines, das ich nicht in Zweifel ziehe, und das ist, daß der Glaube ein echter und bewundernswerter ist, der einen Soldaten dazu bringt, sein Leben wegzuwerfen in Gehorsam für eine blind akzeptierte Pflicht, für eine Sache, die er kaum versteht, in einem Feldzug, von dessen Planung er nichts erfährt, mit einer Taktik, dessen Sinn er nicht begreifen kann."
Captain Oliver Wendell Holmes, 20. Massachusetts-Freiwillige. Kompanie C der 110. Pennsylvania-Infanterie bei Fredericksburg, kurz vor der vernichtenden Dezimierung des Regiments in der Schlacht von Chancellorsville im Mai 1863. Aufnahme von A.J. Russell.
(Minnesota Historical Society)

von der persönlichen Dienstpflicht loszukaufen, Möglichkeiten, die im Süden allerdings Ende 1863 weitgehend abgeschafft wurden. Die eigentliche Funktion der Wehrpflicht bestand aber weniger darin, Männer unmittelbar zur Armee einzuziehen, als vielmehr die bereits Dienenden zur Weiterverpflichtung zu veranlassen und zögernde Freiwillige unter Druck zu setzen. Nicht mehr als 6% der im Laufe des Krieges in der Unionsarmee dienenden Soldaten und etwa 15% in der konföderierten Armee waren als Wehrpflichtige oder Ersatzleute rekrutiert worden.

Zahlreiche Soldaten verließen die Armee ebenso freiwillig, wie sie in sie eingetreten waren: Sie desertierten, teils vorübergehend, teils auf Dauer. Etwa jeder 10. Unionssoldat und jeder 9. Konföderierte beging Fahnenflucht. Bei den Südstaatlern nahm die Desertion in den letzten Kriegsmonaten, als die militärische Lage immer hoffnungsloser erschien und die Soldaten verzweifelte Briefe von ihren hungernden Familien erhielten, epidemische Ausmaße an.

Wieviele Individuen im Laufe des Krieges auf beiden Seiten Waffen trugen, ist wegen der häufigen Mehrfachverpflichtungen nur grob zu schätzen. Es gab in den Nordstaaten 1861 etwa 3,5 Millionen Wehrfähige, von denen etwas über die Hälfte kürzere oder längere Zeit Kriegsdienst geleistet haben dürfte. Einschließlich der 179 999 Neger, die ab 1863 in die Armee eintraten, wird man von knapp zwei Millionen Unionssoldaten ausgehen dürfen, wozu noch 133 000 Mann in der Marine kommen. Die Zahlen für die

Die „Freiwilligen" in der Sicht gegnerischer Karikaturisten: Ein südstaatlerischer Kandidat wird mit Bajonetten vor den Werbeoffizier geschubst, ein nordstaatlerischer Vermittler von Ersatzleuten weist einem Konskribierten seine Auswahl vor.

Amateure, die Veteranen wurden: Bürgerkriegssoldaten vor der Kamera.

Samuel Royer von der 149. Pennsylvania-Infanterie, 1865 an den Folgen seiner Kriegswunden gestorben. (Terence P. O'Leary Collection)

Kadettenkorporal John E. Boinest von der South Carolina Military Academy in Charleston. (The Citadel)

Thomas Taylor von der 8. Louisiana-Infanterie, verwundet und gefangen bei Antietam, September 1862. (Museum of the Confederacy, Richmond, Va.)

Soldat von der 8. Pennsylvania-Reserve mit der kugelzerfetzten Fahne seines Regiments. (National Archives)

Einige von Hunderttausenden: Der Bürgerkrieg war eine Tragödie für die amerikanische Nation, vor allem aber war er, wie jeder Krieg, eine Tragödie einzelner Menschen, einzelner Familien.

Alvin Flint jr. meldete sich am 1. Oktober 1861 im Alter von 17 Jahren zu den 11. Connecticut-Freiwilligen. Am 17. April 1862 fiel Alvin in der Schlacht bei Antietam.
(John L. McGuire Collection, Burbank, Illinois)

Micah Jenkins, Brigadegeneral und überzeugter Sezessionist, starb in der Schlacht in der Wilderness an einem Schuß in den Kopf, 28 Jahre alt.
(Library of Congress)

Oliver Wendell Holmes jr. aus Boston trat 1861 als 20jähriger Leutnant in die 20. Massachusetts-Freiwilligen ein. In der gleichen Schlacht, in der Alvin Flint den Tod fand, wurde Holmes, inzwischen Hauptmann geworden, durch den Hals geschossen. In der Nacht vom 17. auf den 18. September erhielt sein Vater, ein bekannter Naturwissenschaftler und Schriftsteller, die telegraphische Nachricht von der Verwundung: „Hagerstown, 17., an Oliver Wendell Holmes – Capt. Holmes verwundet durch den Hals geschossen vermutlich nicht tödlich in Keedysville." . . .
Viele Gedanken schossen dem Vater in jener Nacht durch den Kopf. Er fuhr zum Schlachtfeld und fand seinen Sohn lebend. Er überstand den ganzen Krieg und wurde später ein bekannter Richter am Obersten Gerichtshof.
(Mollus, Carlisle Barracks, Pa.)

Konföderierten sind noch unsicherer. Fest steht, daß sie ihr Potential notgedrungenermaßen weit radikaler ausschöpften, was nicht zuletzt dadurch ermöglicht wurde, daß die Sklaven viele weiße Männer, die sonst in der Landwirtschaft unentbehrlich gewesen wären, für die Front frei machten. Von etwa einer Million Wehrfähiger im Süden dürften annähernd 900 000 tatsächlich gedient haben.

Wesentlich präzisere Angaben besitzen wir über die Papier- und Präsenzstärken beider Seiten zu bestimmten Zeitpunkten des Krieges. Die folgende Tabelle führt als „präsent" diejenigen auf, die bei ihren Einheiten tatsächlich anwesend waren, als „abwesend" diejenigen, die in Lazaretten lagen, aus dem einen oder anderen Grund beurlaubt waren oder unter die Rubrik Deserteure fielen:

	1. Januar 1862		1. Januar 1863		1. Januar 1864		1. Januar 1865	
	Präsent	Abwesend	Präsent	Abwesend	Präsent	Abwesend	Präsent	Abwesend
Unionsarmee	527000	49000	699000	220000	861000	250000	960000	339000
Konföderierte Armee	250000	68000	304000	145000	278000	187000	196000	205000

Zahlen, die eine deutliche Sprache sprechen!

Diese Armeen mußten ganz plötzlich, ohne Vorbereitung, bewaffnet und ausgerüstet werden. Was in den Depots vorhanden war, stammte größtenteils noch aus der Zeit des Mexikanischen Krieges. Um den ersten Bedarf zu decken, führten beide Seiten massenhaft Waffen aus Europa ein, zum größten Teil gleichfalls veraltetes Material, das ausgesondert wurde, sobald die Rüstungsindustrie in entsprechender Menge Moderneres lieferte. Allein zwischen dem 1. Juli 1862 und dem 30. Juni 1863 kaufte die Unionsregierung für über 42 Millionen Dollar 1577 Geschütze, 1 360 000 Handfeuerwaffen, 1 250 000 Schuß Artilleriemunition und 259 Millionen Gewehrpatronen.

Der Verbrauch war auch beträchtlich. In der Schlacht bei Murfreesboro verfeuerte oder verlor die 41 400 Mann zählende Unionsarmee an zwei Kampftagen 20 000 Schuß Artilleriemunition und über zwei Millionen Schuß Infanteriemunition mit einem Geschoßgewicht von fast 2000 Tonnen. Sie töteten damit 1300 Konföderierte und verwundeten 8000. Rechnet man, daß mindestens 75% der Verluste auf Gewehrfeuer zurückgingen, verbrauchte die Infanterie fast 300 Schuß, um einen Mann außer Gefecht zu setzen. Das erscheint viel, ist aber, verglichen mit den Verhältnissen in modernen Kriegen, sehr wenig.

Die Größe und Zusammensetzung der Feldarmeen variierte beträchtlich. Eine der stärksten Armeen des Krieges war die, die der Unionsgeneral Hooker Ende April 1863 in die Schlacht von Chancellorsville führte. Sie zählte 111 000 Mann Infanterie, 11 000 Mann Kavallerie und 8000 Mann Artillerie mit 404 Geschützen, gegliedert in 7 Armeekorps und ein Kavalleriekorps. Solche Massen planmäßig zu bewegen und zum Einsatz zu bringen erforderte gute Führung und Stabsarbeit. Die reguläre Armee verfügte über ein Korps vorzüglicher, in West Point ausgebildeter Offiziere, aber ihre Zahl war ganz unzureichend, und selbst sie waren wegen der Kleinheit des Berufsheeres ungeübt im Umgang mit Einheiten über Regimentsebene. Viele hohe Offiziere in den neuen Freiwilligenverbänden verdankten ihren Rang ausschließlich ihrer politischen Bedeutung, und es kann nicht verwundern, daß die meisten von ihnen – wenn auch nicht alle – von ihrer Aufgabe überfordert waren. Auf tieferer Ebene gab es die Unsitte der Offizierswahl, die aber nach den ersten Kriegsmonaten nur mehr eine geringe Rolle spielte. Wie ihre Männer lernten die meisten Offiziere ihren neuen Beruf allmählich durch die Praxis, ein Lernprozeß, der vielen Tausenden unnötig das Leben kostete.

Die Truppen, die 1861 in den Krieg zogen, wären wohl von einem einzigen Korps einer der führenden europäischen Militärmächte binnen kurzem zur Seite gefegt worden. Zwei Jahre später standen Veteranenarmeen im Felde, die es mit jedem Gegner hätten aufnehmen können. Was ihnen an formaler Durchbildung und Professionalität fehlte, machten sie durch Kampfgeist, praktische Erfahrung, Flexibilität und Improvisationsgabe wett.

Drakonische Strafen: Kahlgeschoren und mit einer Schandtafel auf der Brust wird ein Soldat durch das Lager getrommelt. Er hat einen verwundeten Kameraden bestohlen. In extremen Fällen schritt man sogar zur Brandmarkung.
(Chicago Historical Society)

Die tödliche Salve: Erschießung von fünf Deserteuren am 29. August 1863. Die Delinquenten sitzen auf ihren Särgen, das ganze Armeekorps ist angetreten, um zuzusehen. Im allgemeinen wurden Deserteure eher mild behandelt, aber das Überhandnehmen der Fahnenflucht, vor allem die wiederholte Desertion von Soldaten, die nur die Handgelder kassieren wollten, ließen die Kriegsgerichte mitunter zu exemplarischen Strafen greifen. Zeichnung von Edwin Forbes.
(Library of Congress)

Trommeln als Altar: ein Feldgottesdienst der 49. Pennsylvania in Camp Griffin, Virginia. Die Religion spielte im Leben der Soldaten auf beiden Seiten eine zentrale Rolle. Massenfeiern und Erweckungsgottesdienste waren häufig.
(Lloyd Ostendorf Collection)

Ein Winterlager: improvisierte Hütten der Nordvirginia-Armee bei Fredericksburg kurz nach ihrer Einnahme durch die Unionstruppen. Aufnahme von W.H. Russell.
(Chicago Historical Society)

Das Teufelsbrevier: Vor jeder Schlacht konnte man ungezählte Spielkarten auflesen, die die Soldaten weggeworfen hatten, da sie mit solch sündhaften Requisiten ausgestattet dem Tod nicht ins Angesicht sehen wollten.
(National Archives)

Entspannung beim Geigenspiel: die Washington-Artillerie aus New Orleans im Lager. Photo von J.W. Petty.
(U.S. Army Military History Institute, Carlisle Barracks, Pa.)

Die Infanterie

Die Feldarmeen des Bürgerkrieges bestanden in der Regel zu etwa 80% aus Infanterie. Diese Waffengattung stellte aber nicht nur den Großteil der Kombattanten, sie beherrschte auch in außergewöhnlichem Maße den Gefechtsverlauf. Das lag an der Zusammensetzung und dem Ausbildungsstand der Truppe, an den Eigenarten des Geländes und an der Waffentechnik.

Infanterie kann am leichtesten und schnellsten in größeren Massen aufgestellt, ausgebildet und eingesetzt werden, sie ist am billigsten und bereitet die geringsten logistischen Schwierigkeiten. Sie war daher die einem Freiwilligen- und Milizheer angemessenste Waffengattung.

Ein Großteil der Kämpfe des Bürgerkrieges fand in schwierigem, dicht bewaldetem Gelände statt, das für Kavallerie und Artillerie nur schwer zugänglich war. Infanterie ist die vielseitigste, am wenigsten von Gelände- und Witterungsbedingungen abhängige Waffengattung.

Die Entwicklung des Infanteriegewehrs hatte um die Mitte des 19. Jahrhunderts rasche Fortschritte gemacht und vor allem die Reichweite und Treffgenauigkeit der Waffe dermaßen gesteigert, daß das Gewehrfeuer die Schlachtfelder des Zeitalters beherrschte. 75–80% der blutigen Verluste wurden von Gewehrgeschossen verursacht. Die Effektivität des Infanteriefeuers führte dazu, daß die Defensive ein deutliches Übergewicht erhielt, vor allem wenn sie sich auf Feldbefestigungen stützen konnte. In seiner Schlußphase erstarrte der Bürgerkrieg regelrecht in Graben- und Stellungskampf.

Diese enorme Wirkung wurde mit nach modernen Begriffen primitiven Waffen erzielt, mit einschüssigen Vorderladern. Es gab zwar bereits einsatzfähige Hinter- und Mehrlader, sie wurden aber fast nur an die Kavallerie ausgegeben. Zumindest die Nordstaaten wären durchaus in der Lage gewesen, ab dem dritten Kriegsjahr die Masse ihrer Truppen mit Hinterladern zu bewaffnen, dem standen aber Vorurteile der zuständigen Militärs entgegen, vor allem die Furcht, die Soldaten würden mit den schnell nachzuladenden Waffen ihre Munition verschwenden.

Was das Infanteriegewehr des Bürgerkriegs von seinen Vorgängern unterschied, war der gezogene Lauf, der dem Geschoß Drall und genaue Führung gab. Verfeuert wurde das nach seinem Erfinder, einem französischen Offizier, benannte Miniégeschoß, ein längliches Projektil aus Weichblei mit hohlem Boden. Beim Abschuß fing sich der Gasdruck im Boden des Geschosses und drückte das Blei auseinander. Auf diese Weise preßte sich das Projektil in die spiraligen Züge und erhielt seinen Drall. Man konnte mit Miniégewehren bis zu 800 Meter gute Treffergebnisse erzielen, allerdings mußte man wegen der steilen Flugbahn die Entfernungen sehr genau schätzen.

Normalerweise wurde das Massenfeuer auf zwei- bis dreihundert Meter eröffnet, und das mit verheerender Wirkung.

Der Ladevorgang der Waffe war ziemlich kompliziert. Der Schütze mußte eine Papierpatrone seiner Patronentasche entnehmen, die das gefettete Miniégeschoß und die Schwarzpulverladung enthielt, die Papierhülle aufbeißen, das Pulver in die Mündung schütten, das Geschoß mit dem Boden in die Mündung einführen, andrücken und mit dem eisernen Ladestock herabstoßen. Dann setzte er ein Zündhütchen auf das Piston des Perkussionsschlosses, spannte den Hahn und war feuerbereit. Beim Abdrücken schlug der Hahn auf das mit Knallquecksilber geladene Zündhütchen, das dadurch explodierte und durch den Zündkanal die Pulverladung im Lauf zündete. Das Perkussionsschloß war im Gegensatz zu seinem Vorgänger, dem Steinschloß, selbst bei schlechtem Wetter ziemlich zuverlässig. Allerdings kam es in der Aufregung des Gefechts häufig zu Ladefehlern, die die Zuverlässigkeit der Waffe minderten.

Ein geübter Schütze konnte in der Minute dreimal laden und feuern. Rasch und sicher ließ sich der Ladevorgang nur im Stehen durchführen, ein weiterer Nachteil gegenüber den Hinterladern. Da ausschließlich Schwarzpulver verwendet wurde, gab es bei einem heftigen Feuergefecht dichte Rauchwolken, die den Gegner meist nur mehr schemenhaft erkennen ließen.

Zum Infanteriegewehr gehörte ein Bajonett, dessen Wirkung aber im wesentlichen auf die moralische beschränkt blieb. Wirkli-

„Tramp, tramp, tramp, the boys are marching": eine Infanteriekolonne der Unionsarmee auf dem Marsch. Zeichnung von Winslow Homer, 1862. (Cooper-Hewitt Museum of Decorative Arts and Design, Smithsonian Institution, New York)

Die Standardwaffe der Unionstruppen: U.S. Rifle Musket 1861, sogenannte „Springfield", Kaliber 58. Etwa 1,7 Millionen von diesen gezogenen Vorderladern wurden während des Krieges hergestellt. Auch die Konföderierten benutzten sie häufig. An zweiter Stelle kam die britische Enfield Rifle Musket, von der über 800 000 Stück importiert wurden. Sie war die verbreitetste Waffe in der konföderierten Armee, man konnte die gleiche Munition aus ihr verschießen. Das Bild ist im April 1865 in Petersburg, Virginia entstanden. (Library of Congress)

che Handgemenge mit Bajonett und Gewehrkolben kamen nur selten vor, und selbst dann waren sehr wenige Soldaten daran beteiligt.

Die organisatorische und taktische Grundeinheit war das von einem Colonel (Oberst) geführte Regiment mit einer Sollstärke von 1000 Mann, gegliedert in 10 Kompanien. Auf dem Schlachtfeld lag die Präsenzstärke der Regimenter meist bei nur 300 bis 600 Mann. Die übliche Gefechtsformation war die Linie zu zwei Gliedern, die alle Gewehre gleichzeitig zum Einsatz kommen ließ. Den Kampflinien gingen lockere Schwärme von Plänklern voraus, die jägermäßig kämpften und die eigenen geschlossenen Formationen abschirmen, die des Gegners durch Einzelfeuer zermürben sollten.

Der Soldat identifizierte sich in erster Linie mit seinem Regiment. Die oft extremen Verluste einzelner Regimenter lassen den moralischen Ansporn erkennen, den die meist aus ein und derselben Gegend stammenden Soldaten durch diesen Korpsgeist erhielten. So ging die 1. Minnesota-Infanterie mit 224 Mann in die Schlacht von Gettysburg und verlor bei einem Gegenangriff innerhalb weniger Minuten 50 Mann, 174 wurden verwundet. Die 26. North-Carolina-Infanterie büßte in der gleichen Schlacht 86 Tote, 502 Verwundete und 120 Vermißte von einer Gesamtzahl von 880 Mann ein. Die 6. Mississippi-Infanterie hatte bei Shiloh 61 Tote und 239 Verwundete von 444 Mann, die 1. Texas bei Antietam 45 Tote und 141 Verwundete von 226.

Voraus die Plänklerlinie: Ein Schützenschwarm der Unionsinfanterie geht gegen die konföderierten Stellungen bei Cold Harbor in Virginia vor, Juni 1864. Zeichnung von Alfred Waud. (Library of Congress)

Das Auf und Ab der Ladestöcke: Feuerlinie der Unionsinfanterie. Zeichnung von Winslow Homer, 1862. (Smithsonian Institution, New York)

Die taktische Grundeinheit: Ein Infanterieregiment der Union beim Drill. Aufnahme von 1861. Man kann deutlich die 10 Kompanien erkennen, deren Linien hintereinander eine Regimentskolonne bilden, an der Spitze die Musikkapelle. (Minnesota Historical Society)

Dahinter die Schlachtlinie: eine Infanteriebrigade der Union in einer Gefechtspause. Eng geschlossene Formationen waren weiterhin unentbehrlich, da die geringe Feuergeschwindigkeit der Gewehre durch Massierung ausgeglichen werden mußte. Zeichnung von Edwin Forbes.
(Library of Congress)

Übergang zum Stellungskrieg: Unionsinfanterie und -artillerie hat sich in den Wäldern bei Spotsylvania verschanzt. Einige Soldaten versuchen das Schußfeld zu erweitern, indem sie Bäume fällen. Zeichnung von Edwin Forbes.
(Library of Congress)

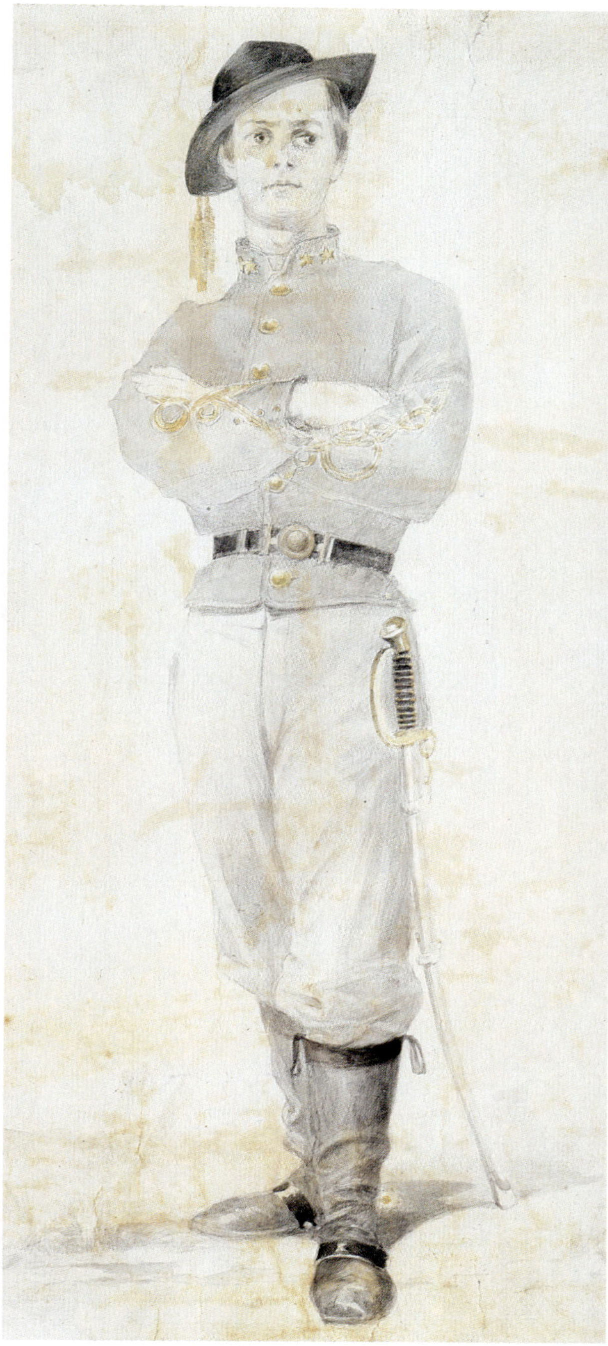

Die Blauen und die Grauen

Ein halbes Kind in einer Männerwelt: Die Unionsarmee hatte über 10 000 Soldaten im Alter von 13 bis 17 Jahren in ihren Reihen, in der konföderierten Armee war der Prozentsatz zweifellos viel höher; es gibt aber keine generellen Angaben. – Die Ölskizze von Winslow Homer aus dem Jahre 1862 zeigt die typische Uniform eines nordstaatlerischen Kavalleristen: dunkelblaue Jacke („Bluebellies" – „Blaubäuche") mit den gelben Abzeichen der Reiterei, dunkelblaues Käppi und blaugrauer Mantel mit langem Cape. (Cooper Union Museum)

Auch die Offiziere waren oft blutjung: Oberstleutnant E.M. Morrison von der 15. Virginia-Infanterie, porträtiert 1864 in den Schützengräben bei Petersburg, Virginia, von Soldat Newman, einem seiner Männer. Hellgrau war die charakteristische Uniformfarbe des Südens („Graybacks" – „Graurükken"), sie kam aber wegen der chronischen Knappheit an Stoffen in den verschiedensten Schattierungen vor und spielte oft ins Nußbraune („butternut"). Die Waffenfarben waren auf beiden Seiten die gleichen: hellblau die Infanterie, rot die Artillerie, gelb die Kavallerie. Die Südstaatler bevorzugten im allgemeinen weiche Filzhüte gegenüber dem vorschriftsmäßigen Käppi. (Museum of the Confederacy, Richmond, Va.)

Besiegte Rebellen: „Gefangene von der Front" heißt dieses eindrucksvolle Bild von Winslow Homer. Es ist 1866 entstanden und dürfte sich auf die letzten Wochen des Krieges beziehen. Der junge Unionsoffizier mustert ruhig die gerade eingebrachten drei Gefangenen. Sie erwidern seinen Blick, traurig der erste, ergeben der zweite, verstört der dritte. (Metropolitan Museum of Art)

Die Monotonie des Lagerlebens

Feldmusik: Trommeln, Pfeifen und Hörner begleiteten den Tag vom Wecken in der Frühe bis zum Zapfenstreich am Abend und regelten den Dienstbetrieb. Auf diesem Gemälde von Winslow Homer wird die Reveille gespielt, der Weckruf. Gleich werden die Unionssoldaten aus ihren Zelten und Hütten kriechen, und der Routinedienst nimmt seinen Lauf. (Herbert Orth Collection)

Langeweile und Heimweh: Diesem Bild gab Winslow Homer den wehmütig-ironischen Titel „Home Sweet Home". Während im Hintergrund eine Militärkapelle bläst, starren zwei nordstaatlerische Infanteristen vor sich hin, neben dem Zelt liegen Zwiebäcke („Hardtacks"), das Standardnahrungsmittel von „Billy Yank". (Nathan Shaye Collection)

„Trotz“ („Defiance“): So hat Winslow Homer sein Bild aus dem Jahre 1864 genannt und hinzugefügt: „Einen Schuß herausfordernd, vor Petersburg“. Ein Soldat, offensichtlich ein Konföderierter, lehnt sich gegen den Schrecken ohne Ende in den monatelangen Grabenkämpfen und Materialschlachten des letzten Kriegsjahres auf. Er ist auf den Rand des Schützengrabens gesprungen und fordert das Schicksal heraus. (The Detroit Institute of Arts, Geschenk von Dexter M. Ferry jr.)

Das Chaos des Waldkampfes: Gefechte im urwaldartigen Gestrüpp spielten im Bürgerkrieg eine große Rolle und stellten hohe Anforderungen an den Mut und die Selbständigkeit des einzelnen Soldaten. Winslow Homers Gemälde stellt eine Episode aus der Schlacht in der „Wilderness", einem besonders unzugänglichen Gelände westlich von Fredericksburg in Virginia, dar, Mai 1864.
(New Britain Museum of American Art)

Die grauen Kavaliere: konföderierte Reiter der 1. Virginia-Kavallerie. Sie tragen graue Uniformen mit schwarzen Litzen. In der Mitte die rote Schlachtfahne der Konföderierten mit dem blauen Andreaskreuz. Die Zeichnung von Alfred Waud entstand im September 1862 in Maryland. (Library of Congress)

Die Kavallerie

Die großen Schlachten des Bürgerkrieges kann man als Infanteriekämpfe mit mehr oder weniger intensiver Artillerieunterstützung charakterisieren, die Kavallerie spielte in ihnen fast gar keine Rolle. „Hat man schon je einen toten Kavalleristen gesehen?" spotteten gerne die Fußsoldaten.

Tatsächlich erfüllte die Reiterei sehr bedeutende Aufgaben, aber selbständige, bei denen sie wenig mit den anderen Waffengattungen in Berührung kam. Während die Kavallerie der meisten europäischen Nationen noch ihrer traditionellen, durch die Waffentechnik veralteten Rolle als Schlachtenreiterei verhaftet war, konzentrierte sich die amerikanische nicht auf die taktischen Aufgaben, sondern auf die operativen. Sie leistete als „Auge des Heeres" Vorzügliches in der Aufklärung, verschleierte die eigenen Bewegungen und führte Kommandounternehmen und überfallartige Vorstöße tief ins feindliche Hinterland aus, sogenannte „raids". Die spektakulären „raids", bei denen Eisenbahn- und Telegraphenlinien zerstört, Transportzüge und Magazine überfallen und Unruhe und Verwirrung verbreitet wurden, erregten viel Aufmerksamkeit und wurden zu einer regelrechten Mode. Nicht jeder von ihnen war zweckdienlich, manche erschöpften und dezimierten die Kavallerie mehr, als sie dem Feind schadeten, und trennten die Reiter von der Hauptarmee, die dann ohne ihre „Augen" operieren mußte.

Wurde die Kavallerie in Gefechtshandlungen verwickelt, attackierte sie entweder aufgesessen mit Säbel und Revolver, oder sie saß ab und kämpfte mit dem Karabiner wie Infanterie. Da die Reiter des Bürgerkrieges in den meisten Fällen bereits mit Hinterladern und Repetierern bewaffnet waren, verfügten sie über eine der Infanterie weit überlegene Feuerkraft.

Keine andere Waffengattung machte im Laufe des Krieges eine so deutliche Entwicklung durch wie die Reiterei. Am Anfang war sie zahlenmäßig sehr schwach und wurde verzettelt eingesetzt. Die Südstaatler realisierten schneller den Nutzen einer schlagkräftigen Kavallerie. Sie bildeten 1862 eigene Kavalleriekorps und fanden in Generälen wie Stuart, Forrest und Hampton Anführer, die die spezifischen Möglichkeiten dieser Waffengattung auszunützen verstanden. Die Unionskavallerie zog ab 1863 nach und entwickelte sich im letzten Kriegsjahr zur modernsten und schlagkräftigsten Reiterei der Welt.

Die Augen des Heeres: Die wichtigste Aufgabe der Kavallerie war die Aufklärung und die Verschleierung, das heißt die Verhinderung der feindlichen Aufklärung.

Vespasian Chancellor, einer der tüchtigsten Scouts „Jeb" Stuarts, des Reiterführers der konföderierten Nordvirginia-Armee.
(Miller's Photographic History of the Civil War)

Zwei Scouts der Unionskavallerie. Die beiden haben sich als konföderierte Offiziere verkleidet. Kolorierte Zeichnung von Winslow Homer.
(Derek Bayes – James Higginson Weckes, County Kildare, Irland)

„Das verdammte Yankee-Gewehr, das man am Sonntag lädt und die ganze Woche damit schießt": Ein Unionskavallerist mit dem siebenschüssigen Spencer-Karabiner. Die Waffe hatte ein Röhrenmagazin im Kolben und einen Unterhebelverschluß und konnte bis zu 20-mal in der Minute abgefeuert werden. Ab 1863 wurde der Spencer-Karabiner in großer Stückzahl in der Unionskavallerie eingeführt, insgesamt kaufte die Regierung über 77 000 dieser Waffen. Den Konföderierten, die mit dem Karabiner nicht einmal als Beutestück etwas anfangen konnten, da sie keine Metallpatronen herstellten, machte das Repetiergewehr im letzten Kriegsjahr schwer zu schaffen.
(National Archives)

Ein Raid der konföderierten Kavallerie: Ein Nachschubtrain der Unionstruppen wird am 3. Oktober 1863 bei Jasper in Tennessee überfallen. Zeichnung von J.F.E. Hillen.
(The New York Public Library)

Ein Raid der Unionskavallerie: Die Reiter General James H. Wilsons zerstören eine Eisenbahnlinie in Virginia im Juni 1864, indem sie die Schwellen zu Scheiterhaufen schichten, anzünden und die Schienen darin glühend machen, um sie anschließend zu verbiegen. Zeichnung von Alfred Waud.
(Library of Congress)

Feuergefecht zu Pferde: Unionskavallerie unter Pleasonton schickt eine Plänklerlinie voraus, die mit Karabinern das Feuer eröffnet, Oktober 1862. Zeichnung von Alfred Waud.
(Library of Congress)

Feuergefecht zu Fuß: Abgesessene Kavalleristen des 1. Maine-Regiments feuern mit Sharps-Hinterladern. Zeichnung von Alfred Waud, August 1863.
(Library of Congress)

Die blanke Waffe: Ein Unionskavallerist schlägt mit dem Säbel zu. Zeichnung von Winslow Homer, 1863. (Smithsonian Institution, New York)

Reitergeneräle: Der Krieg brachte eine Reihe legendärer Kavallerieführer hervor. Sie verkörperten die romantische Seite des Krieges. Der berühmteste von ihnen war James Ewell Brown („Jeb") Stuart aus Virginia. Der Reiterführer Lees kreierte mit seinem gefeierten Ritt rings um die ganze Armee McClellans im Juni 1862 die Mode der Raids. Als er bei Yellow Tavern fiel, war er erst 31 Jahre alt. (Valentine Museum, Richmond)

Attacke mit dem Säbel: Vor allem im Kampf Kavallerie gegen Kavallerie wurde von der traditionellen Attacke mit der blanken Waffe noch häufig Gebrauch gemacht. In der größten Kavallerieschlacht des Krieges bei Brandy Station in Virginia am 9. Juni 1863 ritten 20 000 Reiter stundenlang eine Attacke nach der anderen. Die Zeichnung von Edwin Forbes zeigt eine Attacke der Unionskavallerie unter Pleasanton am 21. Juni 1863. (Library of Congress)

Die überlegene Organisation der Unionskavallerie: Während die konföderierten Reiter ihre Pferde selbst mitbringen und sich Ersatz selbst beschaffen mußten, wurden die des Nordens aus riesigen Staatsdepots versorgt. Die Photos zeigen Camp Stoneman bei Washington und die dort beschäftigten Hufschmiede. Ein Pferd hatte, war es einmal an die Truppe ausgegeben, eine durchschnittliche Lebenserwartung von nur vier Monaten. (Beide U.S. Military History Institute, Carlisle Barracks, Pa.)

Colonel John S. Mosby aus Virginia und einige seiner Rangers. Mosby (1833 – 1916) war der effektivste der konföderierten Partisanen. Er kontrollierte bis zum Kriegsende Teile Virginias, die als „Mosby's Confederacy" bekannt waren, und hielt weit überlegene Unionsstreitkräfte in Atem. (Miller's Photographic History of the Civil War)

West Pointer unter sich: Leutnant George A. Custer und sein ehemaliger Klassenkamerad und jetziger konföderierter Gegner (und Gefangener) James Washington. Custer (1839 – 1876) brachte es mit 23 Jahren zum General. Er war einer der tollkühnsten Reiterführer des Krieges, 11 Pferde wurden unter ihm erschossen. Er erlangte erneut Berühmtheit im Indianerkrieg und fiel mit allen seinen Männern im „Custer-Massaker" am Little Big Horn gegen die Sioux.
(Library of Congress)

Wade Hampton aus South Carolina (1818 – 1902), einer der reichsten Pflanzer im Süden, stellte aus eigenen Mitteln eine aus allen Waffengattungen gemischte Truppe auf, die „Hampton Legion". Er wurde einer der Unterführer und schließlich Nachfolger „Jeb" Stuarts. Hampton gehörte zu den wenigen Amateurgenerälen, die sich als hervorragende Anführer erwiesen.
(Valentine Museum, Richmond)

Philip H. Sheridan, der größte Kavalleriegeneral des Nordens.
(Library of Congress)

Nathan Bedford Forrest aus Tennessee (1821 – 1877) war gleichfalls ein Amateur und wurde zum größten Kavalleriegeneral des ganzen Krieges. Der hünenhafte, schwerreiche Selfmademan entwikkelte ein modernes Kavalleriekonzept von brutaler Wirksamkeit und erwies sich als Meister des Raids. Nach dem Krieg war Forrest einige Zeit Großmeister des Ku Klux Klan.
(Library of Congress)

Die Artillerie

Die Artillerie befand sich zur Zeit des Bürgerkrieges in der Umstellung von glatten auf gezogene Geschütze. Bis auf ganz wenige Ausnahmen handelte es sich um Vorderlader. Die glatten, aus Bronze angefertigten Rohre hatten den Vorzug unkomplizierter Handhabung und größerer Wirkung auf kurze Entfernungen, die gezogenen, die in der Regel aus Eisen hergestellt wurden, reichten weiter, trafen viel genauer, hatten überlegene Durchschlagskraft und zuverlässigere Zünder.

Während sich bei der schweren Artillerie das gezogene Geschütz mehr und mehr durchsetzte, konnte sich bei der Feldartillerie das glatte recht gut behaupten, da es zur unmittelbaren Infanterieunterstützung am geeignetsten war. In der Regel darf man davon ausgehen, daß etwa die Hälfte der Feldartillerie aus glatten, die Hälfte aus gezogenen Geschützen bestand.

Ein glatter Napoleon-12-Pfünder hatte mit Vollkugeln oder Granaten eine effektive Reichweite von etwa 1,5 km. Die Projektile aus glatten Geschützen waren kugelförmig, die aus gezogenen Geschützen länglich. Die weitaus verbreitetste Munitionsart war die Granate, die eine kombinierte Spreng- und Splitterwirkung hatte. Sie hatte bei den glatten Geschützen einen primitiven, zündschnurartig funktionierenden und recht unzuverlässigen Zünder, bei den gezogenen einen Aufschlagzünder. Gegen Befestigungen und Gebäude setzte man noch häufig gußeiserne Vollgeschosse ein, die ausschließlich durch ihre Wucht wirkten, gegen lebende Ziele auf mittlere Distanzen Schrapnells, die sich in der Luft zerlegten, und auf kurze Distanzen Kartätschen, eine Art riesige Schrotladung.

War ein Feldgeschütz auf sein Ziel eingeschossen, konnte es zwei- bis dreimal in der Minute abgefeuert werden, mit Kartätschen sogar fünfmal und schneller. Die Kampfeinheit der Feldartillerie war die Batterie, die bei den Unionstruppen gewöhnlich sechs, bei den Konföderierten vier Geschütze umfaßte. Zu jedem Geschütz gehörte eine von sechs Pferden gezogene Protze, an die es beim Transport angehängt wurde, und eine zweite Protze mit einem Munitionswagen.

Das beliebteste Feldgeschütz des Bürgerkrieges: glatte Napoleon-12-Pfünder mit ihren Protzen und Munitionswagen, bewacht von einem Negersoldaten.
(Library of Congress)

Laden mit dem Flaschenzug: ein glattes 38-cm-Geschütz vom Rodman-Typ in Fort Monroe.
(National Archives)

Die ersten Eisenbahngeschütze: der 33-cm-Mörser „Dictator" schleuderte eine 200 Pfund schwere Bombe 4 km weit. Er wurde von der Unionsartillerie während des Stellungskrieges um Petersburg eingesetzt. (National Archives)

Konföderierte Küstenartillerie zu Beginn des Krieges: glatte 32-Pfünder in Pensacola, Florida. Die Masse der über 4000 zu Kriegsbeginn in den USA vorhandenen Geschütze gehörte zur schweren Festungsartillerie. (National Archives)

Artillerie im Einsatz: Napoleon-12-Pfünder der Union während der Schlacht von Chancellorsville. Hinter den Geschützen stehen die Gespanne mit den Protzen. (Library of Congress)

Marschbereite Artillerie: Aufgeprotzte Geschütze der Batterie A der 2. US-Artillerie im Jahre 1862. Es handelt sich um reitende Artillerie, das heißt jeder Artillerist hat ein eigenes Pferd. Solche Einheiten waren für die Zusammenarbeit mit der Kavallerie bestimmt. Die abgebildeten Geschütze sind gezogene 10-Pfünder. (Library of Congress)

Der erste Eisenbahnkrieg: Während des Halbinselfeldzuges brachten die Unionstruppen im Frühjahr 1862 Lokomotiven und Eisenbahnwagen auf Fähren bis nahe an die konföderierte Hauptstadt heran, um das dortige Schienennetz auszunutzen. Das Photo zeigt Pioniere und die Eisenbahnbrücke über den Pamunkey River, an deren Fertigstellung sie gerade arbeiten, dahinter eine auf eine Fähre verladene Lokomotive. Links im Vordergrund die fahrbare Dunkelkammer des Photographen – die Bilder mußten damals sofort entwickelt werden. (National Archives)

Der erste Eisenbahnkrieg

Der Einsatz der neuen technischen Kommunikations- und Transportmittel, des Telegraphen, des Dampfschiffs, der Eisenbahn gaben dem Bürgerkrieg ein ganz anderes Gesicht als bisherigen Konflikten. Zwar hatte man mit diesen Neuerungen schon im Krimkrieg und im Feldzug von 1859 einige Erfahrungen gesammelt, aber im Bürgerkrieg kam es zum ersten systematischen Großeinsatz über längere Zeit hinweg.

In besonderem Maße gilt das für die Eisenbahn. Sie diente nicht nur als Hilfsmittel, um Truppenbewegungen zu beschleunigen, die auch ohne Schienentransport – wenn auch langsamer – stattgefunden hätten, sondern sie machte viele Operationen überhaupt erst möglich. Das hing mit den großen Distanzen zusammen, die überwunden werden mußten, und mit dem vielfach unerschlossenen Zustand des Landes, der es den Armeen oft genug unmöglich machte, ihre Verpflegung im Einsatzraum zu finden. Die Eisenbahn machte es überflüssig, große Vorräte in Magazinen anzuhäufen, vielmehr war es nur möglich, den Bedarf der Armee vom Erzeugungsort direkt zum günstigst gelegenen Eisenbahnkopf zu befördern; das ganze Hinterland wurde so zum Magazin, und die Eisenbahnstrecken bildeten die vorgegebenen Versorgungslinien.

Die entscheidende strategische Bedeutung der Bahn führte zwangsläufig dazu, daß wichtige Linien und vor allem Eisenbahnknotenpunkte zu vorrangigen Operationsobjekten wurden, wie das im Bürgerkrieg die schweren Kämpfe um Städte wie Chattanooga, Atlanta und Petersburg zeigten. Konnte eine Strecke nicht gehalten werden, ging man zur systematischen Zerstörung über, die sich im Laufe des Krieges zur hohen Kunst entwickelte.

Erstaunlicherweise konnte der Schaden in den meisten Fällen innerhalb kurzer Zeit behoben werden. Das war das Verdienst eigener Eisenbahntruppen, ebenfalls eine Neuheit dieses Krieges, die auf seiten der Union 1862 von Herman Haupt organisiert wurden. Das Schienennetz konnte so auch dem Angreifer von größtem Nutzen sein.

Nichts könnte das schlagender beweisen als der Georgiafeldzug Shermans im Jahre 1864. Der Bahnlinie von Chattanooga nach Atlanta folgend, drängte der General die Konföderierten langsam auf die letztere Stadt zurück und entfernte sich schließlich 600 Kilometer von seiner Operationsbasis. Die Versorgung der 100 000 Mann und 23 000 Pferde seiner Armee hing dabei weitgehend von dieser Linie ab, die vom Gegner bei seinem Rückzug nach Kräften zerstört wurde, während die immer länger werdende Strecke im Rücken Shermans Überfällen durch starke Kavallerieverbände ausgesetzt war. Trotzdem gelang es den Eisenbahntruppen, die Züge ohne nennenswerte Unterbrechung bis unmittelbar hinter die Front der vorrückenden Armee am Laufen zu halten.

Anfänge der Fernmeldeabteilungen: ein Feldtelegraph der Union im Einsatz während der Schlacht bei Fredericksburg im Dezember 1862. Zeichnung von Alfred Waud. (Library of Congress)

Die modernen Transportmittel: Das Dampfschiff wurde auf den großen schiffbaren Flüssen für den Transport von Truppen, Material und Nachschub in größtem Umfang eingesetzt. Dampfer bei City Point in Virginia, 1864. (U.S. Military History Institute, Carlisle Barracks, Pa.)

Nach der Einnahme von Atlanta marschierte Sherman sengend und brennend an die See, wobei seine Soldaten Eisenbahnanlagen in einer Gesamtlänge von fast 600 Kilometern zerstörten, indem sie mit Spezialmaschinen die Schienen korkenzieherartig verbogen. Die industriell unterlegenen Südstaatler taten sich ungleich härter, mit Schäden dieses Ausmaßes fertigzuwerden, da ihre Eisenfabriken mit der Produktion von Waffen und Munition schon mehr als ausgelastet waren.

Gesteigert wurde das Übergewicht der Nordstaaten noch dadurch, daß es ihnen weit besser gelang, die zahlreichen Eisenbahngesellschaften zu disziplinieren und, soweit erforderlich, unter Regierungsaufsicht zu stellen. Auch war man bei der Lösung des chronischen Kompetenzgerangels zwischen militärischen Führern und Eisenbahnfachleuten auf Unionsseite recht erfolgreich. Nachdem die selbstherrlichen Eingriffe mancher Offiziere in dem so störanfälligen Bahnbetrieb wiederholt zu Chaos und Stillstand geführt hatten, wurde die Abwicklung des militärischen Verkehrs ganz den Spezialisten vorbehalten. Dem kam entgegen, daß die bedeutenderen Kommandeure auf beiden Seiten ausgeprägtes Verständnis für die Rolle der Eisenbahn besaßen.

Ein „amphibischer" Ballon: An einem Kanonenboot der Union befestigt, steigt ein Ballon im Frühsommer 1862 über dem James River in Virginia auf. Zeichnung von Arthur Lumley. (Library of Congress)

Beobachtungen aus der Luft: Ballons waren erstmals schon in den französischen Revolutionskriegen eingesetzt worden. Die Union machte des öfteren von ihnen Gebrauch. Hier wird am 1. Juni 1862 gerade der Ballon „Intrepid" gefüllt, mit dem Professor T.S. Lowe aufzusteigen gedenkt, um die konföderierten Stellungen vor Richmond zu inspizieren. (Kean Archives)

Ein „Bauwerk aus Bohnenstangen und Maisstengeln": So bezeichnete Präsident Lincoln die in weniger als 2 Wochen errichtete Brücke über den Potomac Creek. Sie wurde dreimal zerstört und wieder aufgebaut. Es gab noch viel größere und abenteuerlichere Brückenbauten dieser Art, die der Präsident jedoch nicht zu Gesicht bekommen zu haben scheint. (National Archives)

Der Zubringerbetrieb der Kriegsmaschine: Zwei Züge, einer davon beladen mit Truppen, die auf offenen Wagen sitzen, begegnen sich in Harper's Ferry. (U.S. Military Academy Library, West Point, N.J.)

Der Chef der Eisenbahntruppe: General Herman Haupt (1817 – 1905), ein Pennsylvania-Deutscher, rechts im Bild, beaufsichtigt seine Männer bei der Arbeit. Die vorbeifahrende Lokomotive trägt seinen Namen. (Library of Congress)

Das Lieblingsziel der Kavallerie und der Partisanen: von den Konföderierten zerstörte Eisenbahn bei Manassas in Virginia, August 1862. (Miller's Photographic History of the Civil War)

Schienen für die Eisenbahn: Depot der Unionstruppen in Alexandria, Virginia. Während der Norden neue Linien errichten und alte ausbessern konnte, wie es der Führung beliebte, fehlte es dem Süden am Material – jede zerstörte Linie war ein irreparabler Schaden. (U.S. Military History Institute, Carlisle Barracks, Pa.)

Blutige Verluste: verwundeter Unionssoldat in einem verlassenen Lager. (National Archives)

Die Verluste

Der Bürgerkrieg war der weitaus blutigste Krieg, der zwischen dem Ende der napoleonischen Kriege und dem Ausbruch des Ersten Weltkrieges ausgefochten wurde, und er war der für die USA verlustreichste Krieg, den sie je geführt haben. Im Bürgerkrieg kamen mehr amerikanische Soldaten ums Leben als in allen Kriegen des 20. Jahrhunderts, vom Ersten Weltkrieg bis zum Vietnamkrieg, zusammengenommen.

Die Unionsarmee verlor 360 222 Mann, die Marine weitere 4 804. Der konföderierte Gesamtverlust läßt sich nicht so genau ermitteln, doch dürfte die übliche Angabe von 258 000 Toten der Wirklichkeit recht nahe kommen. Der prozentuale Verlust der Südstaaten übertraf damit, auf die weiße Bevölkerung gerechnet, den des Deutschen Reiches im Ersten Weltkrieg um 25%.

Die Opfer unter der Zivilbevölkerung lassen sich nur schwer abschätzen. Sie waren zweifellos viel geringer als die militärischen Verluste, aber gerade die letzten Kriegsmonate müssen in den Südstaaten, als ganze Landstriche in Schutt und Asche gelegt wurden, Zehntausenden von Menschen das Leben gekostet haben. Zum geringsten Teil waren das Opfer von Gewalteinwirkung, die meisten starben an Unterernährung und Krankheiten.

Auch die militärischen Verluste waren bei weitem nicht alle auf Gefechtseinbußen zurückzuführen. Nur bei 67 088 der Toten der Unionsarmee handelte es sich um Gefallene im engeren Sinne des Wortes („killed in action"), 43 012 weitere sind ihren Wunden erlegen. Dem stehen 224 580 Mann gegenüber, die an Krankheiten, vor allem an Ruhr, Typhus und anderen Arten von „Lagerfieber" und Lungenentzündung starben – 4 114 bei Unfällen ums Leben Gekommene, 4 944 Selbstmörder, 267 von der eigenen Seite Hingerichtete, 313 dem Hitzschlag Erlegene und 30 192, die in Gefangenenlagern umkamen (zumeist gleichfalls an Krankheiten).

Für die Konföderierten lassen sich wieder keine so detaillierten Angaben machen, doch scheinen 94 000 im Kampf getötet oder tödlich verwundet worden zu sein, der Rest fiel ebenfalls zum größten Teil Krankheiten zum Opfer.

Die Zahl der Verwundeten, die überlebten, belief sich in der Unionsarmee auf

Nach der Schlacht: Mit Laternen suchen Sanitäter die Wälder ab, um Verwundete zu finden. Rechts ist eine Operation im Gange. Manchmal dauerte es Tage, bis alle Verwundeten einer Schlacht geborgen waren. Zeichnung von William Waud, Oktober 1864. (Library of Congress)

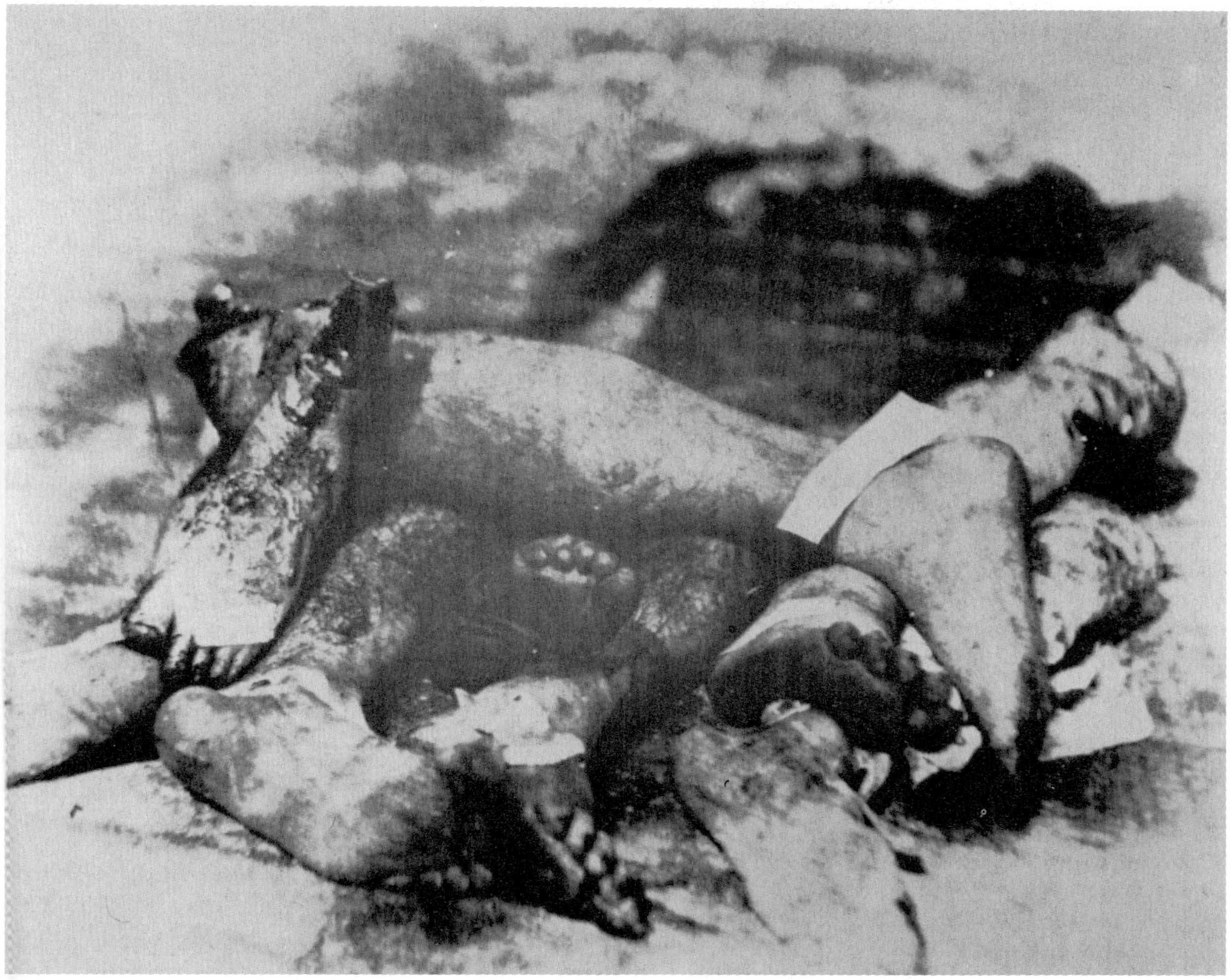

„Radikale Wundbehandlung": Dies ist kein gestelltes Photo. War ein Knochen getroffen, wurde grundsätzlich amputiert. Nach jeder größeren Schlacht schnitten die Ärzte Arme und Beine tonnenweise ab. (Burns Archive, Detroit Library)

Erste Versorgung: Verbandplatz der 16. New Yorker Infanterie während der 7-Tage-Schlacht im Sommer 1862. Im Vordergrund untersucht gerade ein Arzt (mit Hut) einen Verwundeten. (Minnesota Historical Society)

275 175 (darunter nicht wenige mehrfach Verwundete), in der konföderierten darf sie auf 220 000 geschätzt werden. Die Verwundetensterblichkeit lag demnach bei etwa 15%.

211 411 Unionssoldaten und 462 634 Konföderierte fielen in Gefangenschaft. Von den letzteren wurden 247 769 sofort auf Ehrenwort entlassen, vor allem die, die in den letzten Kriegswochen in geschlossenen Verbänden kapitulierten. Während der ersten Kriegshälfte wurden die meisten Gefangenen bald ausgetauscht, dann brach der Norden diese Verfahrensweise ab, da man sich über den Status der Negersoldaten nicht einigen konnte und vor allem da Grant und andere Generäle die Ansicht vertraten, der zahlenmäßig unterlegene Süden würde bei einem Austausch auf der Basis eins zu eins begünstigt und der Krieg dadurch verlängert.

Die Folge war, daß auf beiden Seiten riesige Gefangenenlager entstanden, in denen die zusammengepferchten Männer unter fürchterlichen sanitären Verhältnissen hausten. Der Süden, der kaum Soldaten zur Bewachung entbehren konnte und dem es an Verpflegung und Arzneimitteln für die eigenen Leute fehlte, mußte seine Gefangenen unter primitivsten Bedingungen unterbringen. Von den 194 000 Unionssoldaten, die für kürzere oder längere Zeit in konföderierte Gefangenenlager gelangten, starben 30 218 (15,5%). Die Bedingungen in den Lagern des Nordens waren nicht viel besser, obwohl die materiellen Voraussetzungen wesentlich günstiger gewesen wären: von den 214 000 Insassen kamen 25 976 (12%) ums Leben.

Der erste weibliche Offizier der US-Armee: Dr. Mary Edwards Walker erhielt ein Patent als Militärarzt. (Lloyd Ostendorf Collection)

Organisatorin der Verwundetenfürsorge: Clara Barton aus Massachusetts (1821 – 1912) war eine der Frauen auf beiden Seiten, die sich unermüdlich dafür einsetzten, das Los der verwundeten und kranken Soldaten zu bessern. Nach dem Krieg wurde sie zur Gründerin des Amerikanischen Roten Kreuzes. (American Red Cross)

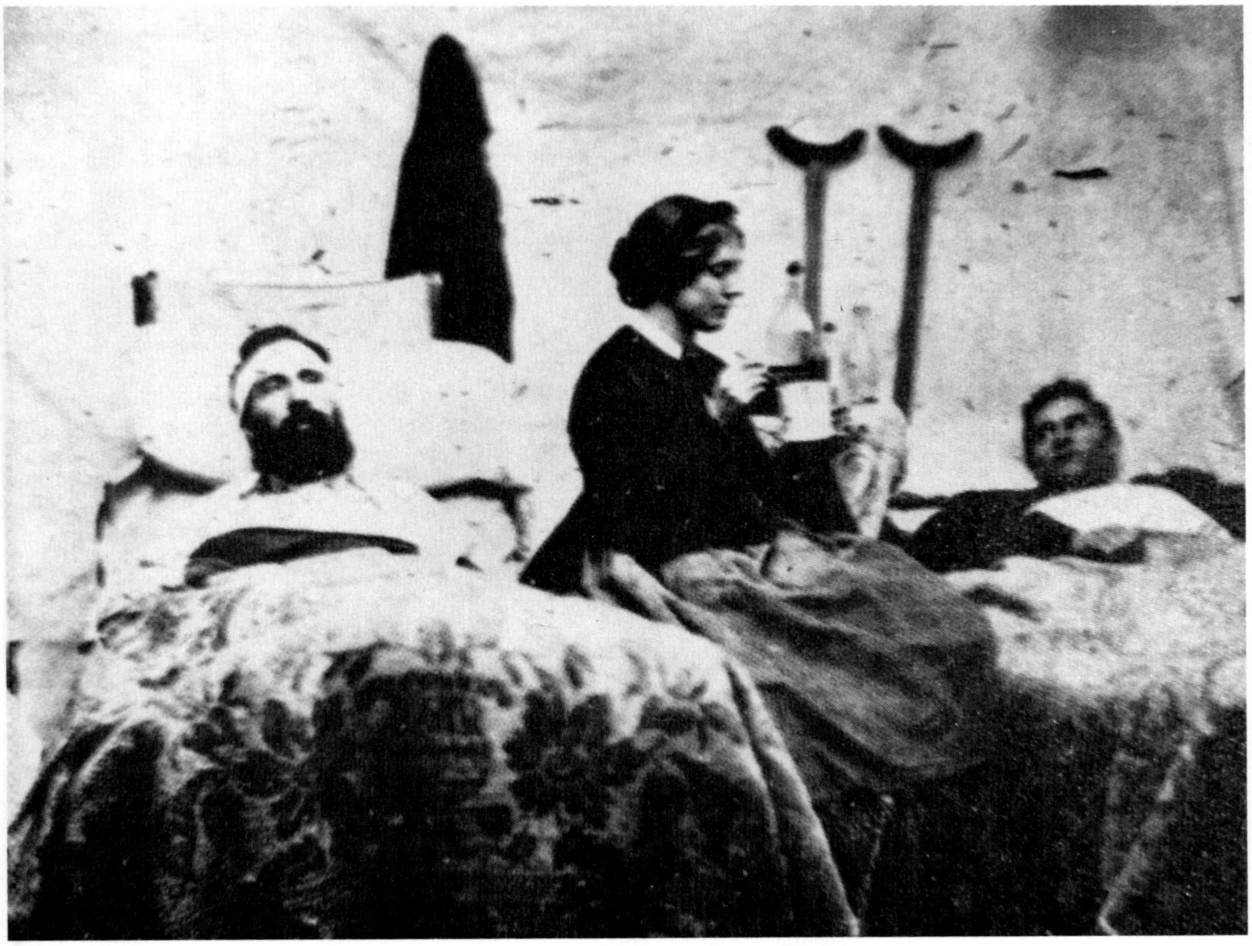

Am Schmerzenslager: eine Krankenschwester in einem Lazarett in Nashville, Tennessee. (U.S. Military History Institute, Carlisle Barracks, Pa.)

Eine weniger idyllische Unterbringung: Libby Prison in Richmond. Hier wurden ausschließlich Offiziere gefangengehalten. Das Photo aus dem Jahr 1863 zeigt im Vordergrund konföderierte Soldaten und Offiziere, der dritte von links ist der Kommandant Richard Turner. Auf der Zeichnung Alfred Wauds aus den letzten Kriegstagen haben die Flaggen über dem Gebäude gewechselt. Nun bewachen die Yankees hier ihre Gefangenen.
(Kean Archive und Library of Congress)

Gefangen: Drei von Lees Veteranen erwarten ihren Abtransport vom Schlachtfeld von Gettysburg. (National Archives)

Das berüchtigtste aller Bürgerkriegsgefängnisse: Camp Sumter bei Andersonville in Georgia. Das Lager bestand nur im letzten Kriegsjahr. In dieser Zeit starben von 33 000 Insassen wenigstens 13 000, zumeist an Verdauungskrankheiten. Auf dem Panoramabild, das A.J. Riddle im August 1864 machte, ist das hoffnungslos überfüllte, von einer hohen Palisade umgebene Zeltlager zu erkennen; im Vordergrund die Latrine. Die Photos von den zu Skeletten abgemagerten Gefangenen empörten den Norden. Der Kommandant von Andersonville, der gebürtige Schweizer Henry Wirz, war der einzige konföderierte Offizier, der nach dem Krieg vor Gericht gestellt und hingerichtet wurde, obwohl ihn kaum persönliche Schuld an den Zuständen in Andersonville traf. (U.S. Military History Institute, Carlisle Barracks, Pa.)

„King Cotton" unter Blockade: Stapel von Baumwollballen im Hafen von Charleston. (South Carolina Historical Society)

Das monotone Leben an Bord: Einige der Unionsmatrosen auf diesem Kanonenboot vertreiben sich die Zeit mit Schachspiel, einer musiziert auf einem Banjo. (National Archives)

Der Krieg zur See

Die Blockade machte den Süden zu einer belagerten Festung. Spektakuläre Höhepunkte waren freilich nicht so häufig wie in der Landkriegführung, regelrechte Seeschlachten kamen überhaupt nicht vor, da die konföderierte Marine dafür viel zu schwach war, aber es gab fast täglich Zwischenfälle und kleine Kämpfe, und die technischen und taktischen Neuerungen auf diesem Gebiet, die der Bürgerkrieg mit sich brachte, können nur als revolutionär bezeichnet werden.

In Anbetracht der Tatsache, daß die Konföderation eine Küstenlänge von über 5000 Kilometern hatte, stellte die Blockade selbst für eine weit überlegene Marine eine gewaltige Aufgabe dar. Zu Beginn des Krieges besaß die US-Navy 90 Kriegsschiffe, von denen aber nur 35 als einigermaßen modern und einsatzbereit gelten konnten. Da es jedoch eine gegnerische Marine vorerst überhaupt nicht gab, war es möglich, jedes Schiff, das auch nur eine Kanone zu tragen vermochte, an der Blockade teilnehmen zu lassen.

Hinter der Unionsmarine standen die seefahrenden Küstengebiete der Nordost- und Mittelatlantikstaaten, wo fast alle Werften und bedeutenden Seehäfen lagen. Welch geringe Rolle der Süden trotz seiner langen Küste im Seehandel und im Schiffsbau spielte, zeigt die Tatsache, daß von den 11 079 amerikanischen Schiffen, die zwischen dem 1. Juli 1860 und dem 30. Juni 1861 aus den Häfen der USA ausliefen, nur 819 auf Häfen der Konföderation entfielen. Im Laufe des Krieges baute die Unionsarmee auf ihren Werften 208 neue Schiffe, 418 weitere kaufte sie an. Zwar nahm die Konföderation auch etwa 500 Schiffe in Dienst, aber es handelte sich zum größten Teil um kleine Küsten- und Flußdampfer, die für ein wirkliches Kriegsschiff keinen ernst zu nehmenden Gegner darstellten.

Die Blockade gewaltsam zu brechen kam bei diesen Stärkeverhältnissen ohne aktive europäische Unterstützung nicht in Frage. Statt dessen versuchten unbewaffnete schnelle Dampfer durch die zunächst noch recht weiten Maschen der Blockade zu schlüpfen. Diese Blockadebrecher (im Englischen treffender als „blockade runner" bezeichnet) waren teils konföderierte, überwiegend aber europäische, vor allem britische Schiffe. Sie liefen die Bahamas an und fuhren dann nach Europa weiter oder kehrten gleich in die Konföderation zurück. Über 8 000 mal gelang es, auf diese Weise die Blokkade zu durchbrechen. Dabei wurden etwa 1 250 000 Baumwollballen exportiert und Waren im Gegenwert von 200 Millionen Dollar in den Süden gebracht, darunter 600 000 Handfeuerwaffen. Trotzdem stellte das nur mehr einen Bruchteil des Handelsvolumens aus der Zeit vor dem Krieg dar, die Blockade war also zweifellos effektiv.

Eigentlich sollten die Blockadebrecher ausschließlich kriegswichtiges Material wie Waffen, Munition, Arzneimittel gegen die Baumwolle eintauschen, aber die meisten Kapitäne verzichteten nicht auf den lukrativen Import von Luxusgütern. Mit der Blockadebrecherei wurden große Vermögen gemacht, aber die Risiken, die mit ihr verbunden waren, wuchsen zusehends, als ein Hafen der Konföderation nach dem anderen von der Unionsflotte genommen wurde und die noch übrigen einer immer engeren Überwachung ausgesetzt waren. 1861 wurde einer von zehn Blockadebrechern gestellt, 1862 einer von acht, 1863 einer von vier und 1864 einer von drei. Als Ende Februar 1865 der letzte größere Hafen, Wilmington in North Carolina, fiel, war der Süden völlig von der Außenwelt abgeschnitten. Insgesamt wurden 1 504 Blockadebrecher aufgebracht oder versenkt.

Ein anderes Mittel, mit dem sich die Konföderation gegen die Blockade zur Wehr zu setzen versuchte, war die Kaperfahrerei, also legalisierte Piraterie. Auch sie konnte für die beteiligten Kapitäne und Schiffsbesatzungen ein gutes Geschäft sein. Die Kaperfahrer des Südens machten auf allen Weltmeeren Jagd auf Handelsschiffe der Union und richteten einen Schaden von 20 Millionen Dollar an. Weit schlimmer war, daß die Versicherungssummen hochschnellten und 700 Schiffe die amerikanische Flagge gegen die sichere britische eintauschten. Die berühmtesten dieser Kaperschiffe, die „Alabama", die „Shenandoah" und die „Florida", stammten von britischen Werften und hatten von der Konföderation kaum mehr als „den

Das traditionelle Breitseitensystem: Deck einer Dampffregatte der Union in Gefechtsbereitschaft. (War Memorial Museum of Virginia)

Die mächtige Schiffsartillerie: ein gezogenes Parrott-Geschütz an Bord eines Kanonenbootes der Union. (U.S. Military History Institute, Carlisle Barracks, Pa.)

Auf einem Blockadebrecher: Frank Vizetelly stellt das Deck der „Lilian" dar, die im Morgengrauen des 4. Juni 1864 durch die Blockade bei Wilmington, North Carolina, schlüpft, während im Hintergrund die Leuchtraketen der suchenden Yankeeschiffe hochsteigen. (Harvard College Library)

Risiken der Blockadebrecherei: das Wrack der „Colt" in der Nähe von Sullivan's Island bei Charleston, South Carolina, 1865. (U.S. Military History Institute, Carlisle Barracks, Pa.)

Kapitän und die Flagge" erhalten, ein Umstand, der die Beziehungen zwischen Washington und London schwer belastete.

Die größten Unternehmungen der Unionsflotte waren die Angriffe auf konföderierte Häfen und Küstenbefestigungen, meist amphibische Aktionen in Zusammenarbeit mit der Armee. Um sich gegen diese Bedrohung zur Wehr zu setzen, entwickelten die Südstaatler bemerkenswerten Erfindungsgeist im Einsatz neuartiger Kampfmittel. Seeminen, damals als „Torpedos" bezeichnet, wurden erstmals in großem Umfang und mit erheblichem Erfolg verwendet. Es gab zwei Grundtypen, solche mit Kontaktzündung und solche mit elektrischer Fernzündung. Insgesamt verlor die Unionsmarine über 40 Schiffe durch Minenexplosionen.

Eine Sonderform des Mineneinsatzes war der „Speertorpedo", der an einer Stange am Bug eines Torpedobootes angebracht und unmittelbar an das feindliche Schiff herangefahren und gezündet wurde, eine ziemlich selbstmörderische Angriffsform. Um bei der Annäherung unsichtbar zu bleiben, konstruierten die Konföderierten Tauchboote, von denen zwei vor Charleston zum Einsatz kamen. Das eine war der „David", ein dampfgetriebenes zigarrenförmiges Boot mit vier Mann Besatzung, von dem nur der Schornstein sichtbar blieb. Am späten Abend des 5. Oktober 1863 griff ein solcher „David" das größte Panzerschiff der Unionsflotte, die „New Ironsides" an. Da die Rauchwolke der Maschine den Gegner im letzten Augenblick warnte, eröffnete dieser mit schweren Geschützen das Feuer, das vom Kommandanten des „David" mit einer Schrotflinte erwidert wurde. Dann rammte der Zwerg den Riesen, und eine gewaltige Explosion erfolgte. Die „New Ironsides" wurde schwer beschädigt, aber nicht versenkt, während der „David" so viel vom hochgeschleuderten Wasser durch den Schornstein in den Ofen gespült erhielt, daß die Maschine versagte. Zwei Besatzungsmitglieder sprangen von Bord und wurden gefangen, den anderen beiden gelang es, das Feuer neu anzuschüren und ihr Boot in Sicherheit zu bringen. Das einzige Todesopfer war ein Unionsmatrose, der mit der Schrotflinte getroffen worden war.

Der „Hunley" hatte eine traurigere Geschichte. Das nach seinem Erfinder benannte Schiff war ein wirkliches U-Boot, das bis zu 2 ½ Stunden unter Wasser bleiben konnte. Es hatte 8 Mann Besatzung und war mit einer handbetriebenen Schraube ausgestattet. Bei Versuchsfahrten kam es dreimal zu Unfällen, bei denen jedesmal die ganze Besatzung ertrank, darunter auch der Erfinder des Bootes. Trotzdem fand sich eine vierte Mannschaft von Freiwilligen, die am Abend des 17. Februar 1864 an das Kriegsschiff „Housatonic" heranfuhr und ihren Speertorpedo zündete. Die „Housatonic" sank innerhalb weniger Minuten, der „Hunley" verschwand mit seinem Opfer in der Tiefe. Das war das tragikomische Vorspiel zur U-Bootkriegführung des 20. Jahrhunderts.

Das größte Aufsehen erregten jedoch die Kämpfe der Panzerschiffe, vor allem das berühmte Duell zwischen der „Virginia" und dem „Monitor" am 9. März 1862. Erste Panzerschiffe waren schon im Krimkrieg eingesetzt worden, aber noch nie hatten ein gepanzertes Schiff mit einem ungepanzerten oder zwei Panzerschiffen gegeneinander gekämpft. Beides ereignete sich nun im März 1862 vor der virginischen Küste bei Hampton Roads.

Die Konföderierten hatten auf der Werft von Norfolk die von der abziehenden Unionsmarine versenkte Fregatte „Merrimack" gehoben und in ein gepanzertes Rammschiff („ram") umgewandelt. Über dem Holzrumpf saßen abgeschrägte, mit einer 10 cm starken Panzerung versehene Seiten, am Bug befand sich ein Rammsporn. Die „Virginia", wie die „Merrimack" nun offiziell hieß, war mit 10 schweren Geschützen bestückt und hatte eine Besatzung von 350 Mann. Sie war der Prototyp für insgesamt 14 Rammschiffe unterschiedlicher Größe, die die Konföderierten im Laufe des Krieges bauten. Ihnen allen gemeinsam war der Nachteil, daß die nicht für diesen Zweck konstruierten Maschinen zu schwach waren für das ungeheure Gewicht und sich daher nur geringe Geschwindigkeiten erzielen ließen. Die „Virginia" machte nicht mehr als 4 Knoten und brauchte 30 Minuten, um ihren 100 Meter langen Körper einmal um sich selbst drehen zu lassen.

Am 8. März 1862 griff dieses Monster die aus konventionellen Kriegsschiffen beste-

Schicksale eines Blockadebrechers: Der britische Dampfer „Giraffe" (rechts) wird im Trokkendock von Glasgow in Schottland überholt, um 1863 unter dem Namen „Robert E. Lee" seine Tätigkeit als Blockadebrecher aufzunehmen. Das zweite Photo zeigt die „Giraffe" alias „Robert E. Lee" nach ihrer Aufbringung durch die Unionsflotte. Erneut umgetauft, heißt sie jetzt „Fort Donelson". (Mariners Museum und Library of Congress)

Die Gejagten als Jäger: das konföderierte Kaperschiff „Florida" im Hafen von Funchal auf Madeira, rechts von ihr der Blockadebrecher „Julia", Ende Februar 1864. Die „Florida" erbeutete 37 Handelsschiffe der Union, bevor sie aufgebracht und versenkt wurde. (National Archives)

Das berühmteste der Kaperschiffe: C.S.S. „Alabama", die zwischen Mai 1862 und Juni 1864 69 Schiffe der Nordstaaten versenkte. Das Photo zeigt das Deck der „Alabama" während eines Aufenthalts in einem südafrikanischen Hafen. Ihr Kommandeur Raphael Seumes aus Maryland (1809 – 1877) lehnt im Vordergrund an einer Dahlgren-Kanone, hinter ihm steht sein Stellvertreter Kell. Nach der „Alabama" wurden die Schadenersatzforderungen benannt, die die USA an Großbritannien stellten. 1872 entschied ein internationales Gericht in Genf, daß London gegen seine Neutralität verstoßen hatte, als es den Bau der konföderierten Kaperschiffe in britischen Werften zuließ. Die Vereinigten Staaten erhielten eine Entschädigung von 15,5 Millionen Dollar in Gold. Die „Alabama" wurde in einem dramatischen Schiffsduell vor Cherbourg in Frankreich von dem Kriegsschiff der Union „Kearsarge" versenkt. (International Museum of Photography, Rochester, N.Y.)

Das erste Opfer der konföderierten „Torpedos“: das Kanonenboot „Cairo“. (Library of Congress)

Vorspiel der U-Bootkriegführung: das konföderierte Tauchboot „David“ im Hafen von Charleston. (National Archives)

Die Rammschiffe des Südens: C.S.S. „Atlanta", ein umgebauter Blockadebrecher, im Trokkendock. (The Mariners Museum)

Rammschiffe in Aktion: C.S.S. „Palmetto State" versenkt das Blockadeschiff „Meredita", im Hintergrund vertreibt die „Chicora" weitere Unionsschiffe. Das Gefecht fand am 31. Januar 1863 vor Charleston statt. Zeichnung von Frank Vizetelly. (Harvard College Library)

Stadt des Schicksals: Charleston an der Küste von South Carolina. Hier begann am 20. Dezember 1860 die Sezession, und hier fiel am 12. April 1861 der erste Kanonenschuß. Vom Frühjahr 1863 bis zum Ende des Krieges wurde die „schönste Stadt Amerikas" ununterbrochen von einer starken Land-Seestreitmacht belagert. Sie fiel erst, als im Februar 1865 die Truppen Shermans vom Landesinneren auf Charleston vorrückten.

Der langumkämpfte Hafen: Stadt und Bucht von Charleston auf einem Gemälde von Conrad Wise Chapman aus dem Jahre 1863. Rechts ist Castle Pinckney zu sehen, im Vordergrund liegen die beiden konföderierten Rammschiffe „Charleston" und „Chicora" vor Anker. (Museum of the Confederacy, Richmond, Va.)

Fort Moultrie: Außenansicht. Das auf Sullivan's Island gegenüber Fort Sumter gelegene Fort bewachte die Hafeneinfahrt von Charleston. Erdbefestigungen dieser Art erwiesen sich als sehr viel widerstandsfähiger gegenüber dem Beschuß durch die neuen gezogenen Geschütze als die traditionellen Ziegelanlagen. Gemälde von Chapman, 11. November 1863. (Museum of the Confederacy, Richmond, Va.)

In Erwartung der Yankees: auslaufendes Panzerschiff und Wachtposten, „Battery Laurens Street", 7. Februar 1864. (Museum of the Confederacy, Richmond, Va.)

Geschützstellungen auf Charlestons berühmter Promenade: „White Point Battery", gemalt von Chapman am 27. Dezember 1863. Zwischen den Soldaten flanierende Damen, links ein britisches gezogenes Armstrong-Geschütz. (Museum of the Confederacy, Richmond, Va.)

Die Yankees sind da: „Battery Simkins" unter Artilleriefeuer, 25. Februar 1864. (Museum of the Confederacy, Richmond, Va.)

Fort Moultrie: Innenansicht. Gemälde von Chapman, 16. September 1863. (Museum of the Confederacy, Richmond, Va.)

Wachtposten unter Palmettobäumen, der Wappenpflanze South Carolinas: „Quaker Battery", undatiertes Gemälde von Chapman. (Museum of the Confederacy, Richmond, Va.)

Vorboten moderner Seekriegführung: die Tauchboote „David" (S. 160) und „Hunley" (rechts), gemalt von Chapman am 25. Oktober und 6. Dezember 1863.
(Museum of the Confederacy, Richmond, Va.)

Tagesende während der langen Belagerung: die Abendkanone von Fort Sumter, im Hintergrund die Silhouette von Charleston. Gemälde von Conrad Wise Chapman. (Museum of the Confederacy, Richmond)

Der Retter der Unionsflotte: der berühmte „Monitor" mit den Geschoßspuren der „Virginia" an seinem Geschützturm. Das Sonnendach wurde im Gefecht abgenommen. (U.S. Military History Institute, Carlisle Barracks, Pa.)

Ein anderes Flußmonster: der gepanzerte Raddampfer U.S.S. „Choctaw". (Kean Archives)

Geschwader von „Monitoren": U.S.S. „Saugus" und „Sangamon" auf dem James River. (U.S. Military History Institute, Carlisle Barracks, Pa.)

hende Flotte der Union bei Hampton Roads an. Fast mühelos rammte und versenkte es die „Cumberland", schoß die „Congress" in Brand und trieb die „Minnesota" auf Grund. Mit einem Schlag waren alle hölzernen Kriegsschiffe der Welt veraltet, die Überlegenheit der Unionsflotte schien ernsthaft gefährdet, und im ersten Schrecken befürchtete man schon Angriffe auf die Küstenstädte des Nordens. Als am nächsten Tag die „Virginia" wieder herandampfte, um ihr Zerstörungswerk fortzusetzen, trat ihr ein frisch eingetroffenes Panzerschiff der Unionsarmee entgegen: der „Monitor". Dieses Schiff war noch weit neuartiger als die improvisierte „Virginia". Das von dem Schweden J. Ericsson erfundene Fahrzeug, gleichfalls Stammvater zahlreicher ähnlicher „Monitore", die in den nächsten Jahren gebaut wurden, bestand aus einem 60 Meter langen gepanzerten flachen Rumpf, der kaum über das Wasser ragte, und einem zylindrischen Geschützturm aus 20 cm

starkem Eisen, das zwei gewaltige Geschütze trug und mittels einer eigenen Dampfmaschine gedreht werden konnte. Der „Monitor" war so imstande, aus jeder beliebigen Position zu schießen, und mußte nicht mehr umständlich manövrieren, um den Gegner vor die Breitseite zu bekommen, was einer Revolution der ganzen Seetaktik gleichkam.

Stundenlang beschossen sich die beiden gepanzerten Ungetüme aus nächster Entfernung, ohne ernsthaften Schaden anrichten zu können. Als die „Virginia" schließlich nach Norfolk zurückdampfte, war die Überlegenheit der Unionsflotte wiederhergestellt, und ein neues Kapitel in der Geschichte der Seekriegführung hatte begonnen.

Eine Besonderheit des Bürgerkrieges war schließlich der massive Einsatz von Kanonenbootflottillen auf den großen Flüssen vor allem des westlichen Kriegsschauplatzes. Die Zusammenarbeit von Armee und Marine nahm hier ihre engste Form an.

Harriet Lane
Fort Clark
Capture of the Forts at ~~Cape~~ Hatteras inlet – First day, fleet opening fire and troops landing in the surf.

VERGEBLICHE SIEGE

Seiner überlegenen Flotte hatte der Norden die ersten spektakulären Erfolge zu verdanken, die das Trauma von Bull Run zwar nicht vergessen machten, aber immerhin milderten. In einer Reihe amphibischer Aktionen gelang es, im Spätsommer und Herbst 1861 auf den Inseln vor der Küste von North Carolina und in einem Küstenstreifen zwischen Charleston und Savannah Fuß zu fassen. Diese Erfolge konnten im Winter und Frühjahr 1862 ausgebaut werden, und sie demonstrierten die Rundumbedrohung der Konföderation durch die Streitkräfte des Nordens.

Im April 1862 kam dann der erste ganz große Schlag. Eine Flotte von 24 hölzernen Kriegsschiffen und 19 Mörserbooten unter David Glasgow Farragut und eine Landungsarmee von 15 000 Mann unter Benjamin Butler griffen New Orleans an, die größte Stadt und den bedeutendsten Hafen des Südens. Nach einem mehrtägigen Bombardement durchbrach in den frühen Morgenstunden des 24. April die Flotte die Flußsperre zwischen den Forts St. Philip und Jackson, die den Mississippi 150 Kilometer unterhalb von New Orleans bewachten, vernichtete die kleine Kanonenbootflottille der Konföderierten und lief am folgenden Tag im Hafen der Metropole von Louisiana ein.

Die Stadt war völlig offen und konnte nach dem Fall der beiden Flußfestungen nicht mehr gehalten werden. Während General Butler New Orleans inmitten der wütenden Demonstrationen der Bevölkerung besetzte und seine von vielen für tyrannisch erachtete Verwaltungsarbeit begann, stieß Farragut mit der Flotte weiter den Mississippi hinauf und nahm am 12. Mai Baton Rouge, konnte aber nicht an den Befestigungen von Vicksburg vorbeikommen.

Der Fall von New Orleans war in doppelter Hinsicht eine Katastrophe für den Süden. Er hatte nicht nur seine größte Stadt verloren und damit eine psychologisch schwerwiegende Niederlage erlitten, sondern die Unionsstreitkräfte hatten auch am Unterlauf des Mississippi festen Fuß gefaßt und drohten den gleichzeitig von Norden her vordringenden Armeen Hallecks und Grants die Hand zu reichen. Sollte es den Unionstruppen aber gelingen, den ganzen Flußlauf in ihre Gewalt zu bringen, war die Konföderation in zwei Teile gespalten, der Osten vom Westen abgeschnitten.

In der Tat waren die Nordstaatler seit dem Februar 1862 im ganzen westlichen Kriegsschauplatz, von Missouri bis zu den Appalachen, im Vormarsch begriffen. Unterstützt von einer kleinen Kanonenbootflotte unternahm General Ulysses Simpson Grant einen Vorstoß gegen die beiden Forts Henry und Donelson, die den Tennessee und den Cumberland kontrollierten. Das nur schwach besetzte Fort Henry fiel am 6. Februar nach einer kurzen Beschießung durch die Kanonenboote.

Der Kommandeur der konföderierten Truppen im Westen, Albert Sidney Johnston, gab daraufhin seine nach Kentucky vorgeschobene Verteidigungslinie auf und verstärkte die Besatzung von Fort Donelson, das seine Rückwärtsbewegung gegen einen Flankenstoß Grants schützen sollte. Dieser aber marschierte unverzüglich auf Fort Donelson los, und am 12. Februar sahen sich die 15 000 dort stehenden Konföderierten von Grants 27 000 Mann eingeschlossen. Nachdem sie

Die lange, verwundbare Meeresfront: Überall an den 5000 Kilometern Küste der Konföderation drohten amphibische Angriffe. Auf Alfred Wauds Zeichnung gehen am 28. August 1861 Hawkins' Zuaven unter dem Schutz des überlegenen Feuers der Schiffsartillerie auf Hatteras Inlet, North Carolina, an Land. Einen Tag später mußten sich die konföderierten Forts auf der Insel ergeben. Die Drohung von See trug wesentlich dazu bei, die ohnehin unterlegenen Kräfte des Südens zu zersplittern. (Library of Congress)

Der Admiral des Nordens: David Glasgow Farragut (1801 – 1870) war ein geborener Südstaatler aus Tennessee, blieb aber der Union treu. New Orleans 1862 und Mobile Bay 1864 waren seine bedeutendsten Erfolge. (National Archives)

Erste Siege eines unbekannten Generals: Ulysses Simpson Grant aus Ohio (1822 – 1885), ein West Pointer, der 21. in einer Klasse von 39 gewesen war und 1854 den Dienst quittiert hatte, um einer kriegsgerichtlichen Untersuchung zu entgehen, errang bei Fort Donelson im Februar 1862 den ersten großen Landsieg der Union. Stets zeichneten seine Strategie nüchterner Realismus und kompromißlose Konsequenz aus, taktische Brillanz fehlte ihm. (National Archives)

Der größte Schlag der Unionsflotte: Farraguts Flotte nähert sich den Forts südlich von New Orleans. William Wauds Zeichnung vom 17. April 1862 zeigt Mörserboote, an den Masten sind zur Tarnung Bäume festgebunden. (New York Public Library)

Den Mississippi hinauf: Kriegsschiffe der Union bei Baton Rouge, Louisiana. (Library of Congress)

Blutige Konfusion in den Wäldern um Shiloh: Mit dem Rücken zum Tennessee wehren die in die Enge getriebenen Truppen Grants unter massiertem Einsatz der Artillerie die letzten Angriffe der Konföderierten am Abend des 6. April 1862 ab. Zeichnung von Henry Lovie. (New York Public Library)

einen Angriff der Kanonenboote abgewiesen hatten, unternahmen die Südstaatler am 15. einen zunächst erfolgreichen Ausbruchsversuch. Aber ihre zerstrittenen Kommandeure nutzten den Erfolg nicht aus und gingen auf die Ausgangsstellungen zurück. Einige Tausend Mann schlugen sich selbständig durch, der Rest, wohl über 10 000 Mann, kapitulierte am 16. Februar bedingungslos, wie der Sieger es verlangt hatte.

Es war der erste große Landsieg der Union, und der Norden hatte einen Helden: „Unconditional Surrender" Grant, wie man ihn wegen seiner Forderung nach bedingungsloser Übergabe nannte. Die ganze Verteidigungslinie der Konföderierten zwischen Mississippi und Appalachen war gesprengt, Kentucky und große Teile Tennessees mußten aufgegeben werden.

Vom 6. bis 8. März fand bei Pea Ridge in Arkansas eine verworrene Schlacht statt, die nach Anfangserfolgen dem Süden eine weitere Niederlage brachte. Missouri war nun fest in der Hand der Unionstruppen.

Die Mißerfolge der Konföderierten im Winter und Frühjahr 1862 waren ganz wesentlich darauf zurückzuführen, daß sie im politisch bedingten Bestreben, alles zu verteidigen, ihre ohnehin unterlegenen Kräfte zersplittert und dem Gegner die Initiative überlassen hatten. Das versuchte nun Albert Sidney Johnston besser zu machen, indem er einen konzentrierten Schlag unternahm, der die zerbröckelnde Position der Konföderierten im Westen stabilisieren sollte. Er zog Anfang April alle in Tennessee und Mississippi verfügbaren Truppen bei Corinth zusammen, um Grants bis Shiloh vorgedrungene Armee

Ein zaudernder Napoleon: George B. McClellan aus Pennsylvania (1826–1885), 2. von 59 seiner West-Point-Klasse, wurde nach einigen kleinen Erfolgen zu Beginn des Krieges als „junger Napoleon" gefeiert und im Herbst 1861 mit dem Oberkommando betraut. Er erwies sich als glänzender Organisator und Planer, aber übervorsichtiger Feldherr. In Reiterkreisen hat er Unsterblichkeit erlangt durch die Erfindung des McClellan-Sattels. (National Archives)

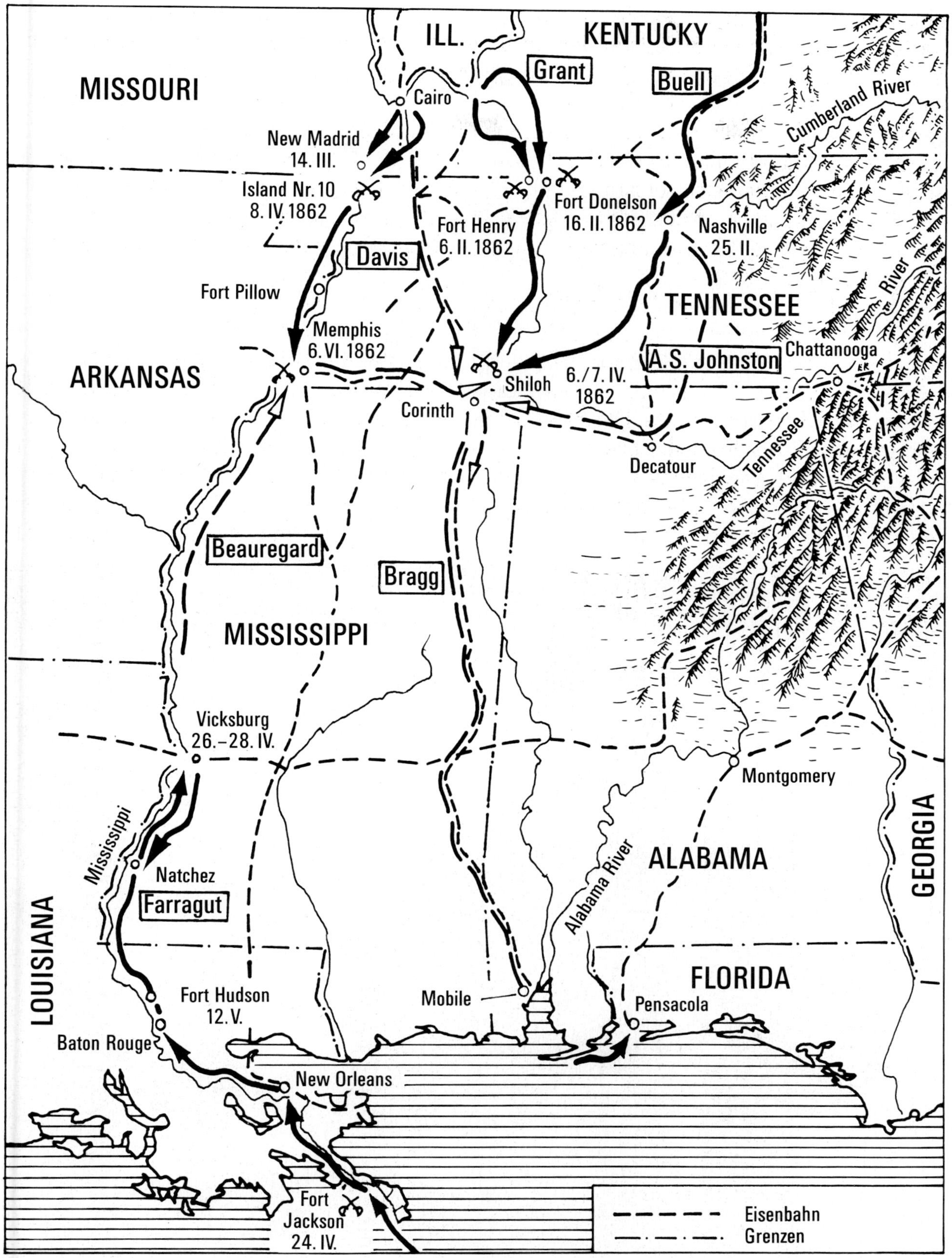

Der westliche Kriegsschauplatz. Eingetragen sind die Operationen im Winter/Frühjahr 1862 bis zur Schlacht bei Shiloh am 6. und 7. April 1862.

von 36 000 Mann in den Tennessee zu treiben, bevor sie sich mit einer weiteren von Nashville anmarschierenden Armee unter Buell vereinigen konnte.

Es war Palmsonntag, der 6. April 1862, als in den Wäldern bei Shiloh Johnstons 40 000 Konföderierte zum Angriff auf die Truppen Grants antraten. Der Ansturm traf die Nordstaatler völlig unerwartet, Grant selbst war in den ersten Stunden der Schlacht abwesend. Trotzdem leisteten die Unionssoldaten erbitterten Widerstand, und es kam an der ganzen Front zu konfusen und ungemein blutigen Waldkämpfen. Am Abend standen die Nordstaatler mit dem Rücken zum Tennessee und waren nur knapp

Eisen gegen Holz: Den schwachen konföderierten Kräften gelang es unter Einsatz der verschiedensten Listen, McClellan zu suggerieren, er habe es mit einer Übermacht zu tun. Hölzerne Geschützattrappen, sogenannte „Quaker Guns", von denen ein Yankee hier eine nach ihrer endlichen „Eroberung" zum Spaß „zündet", waren eine dieser Listen. Die 34-cm-Mörser gehörten zu der Unmenge schweren Materials, die McClellan in wochenlanger Arbeit vor Yorktown in Stellung bringen ließ. Einen Tag, bevor sie das Feuer eröffnen konnten, zog der Feind am 4. Mai aus seinen dünn besetzten Linien ab. (U.S. Military History Institute, Carlisle Barracks, Pa.)

Nach der Schlacht: Unionssoldaten beerdigen Gefallene und verbrennen tote Pferde bei Fair Oaks. Zeichnung von Alfred Waud, 3. Juni 1862. (Library of Congress)

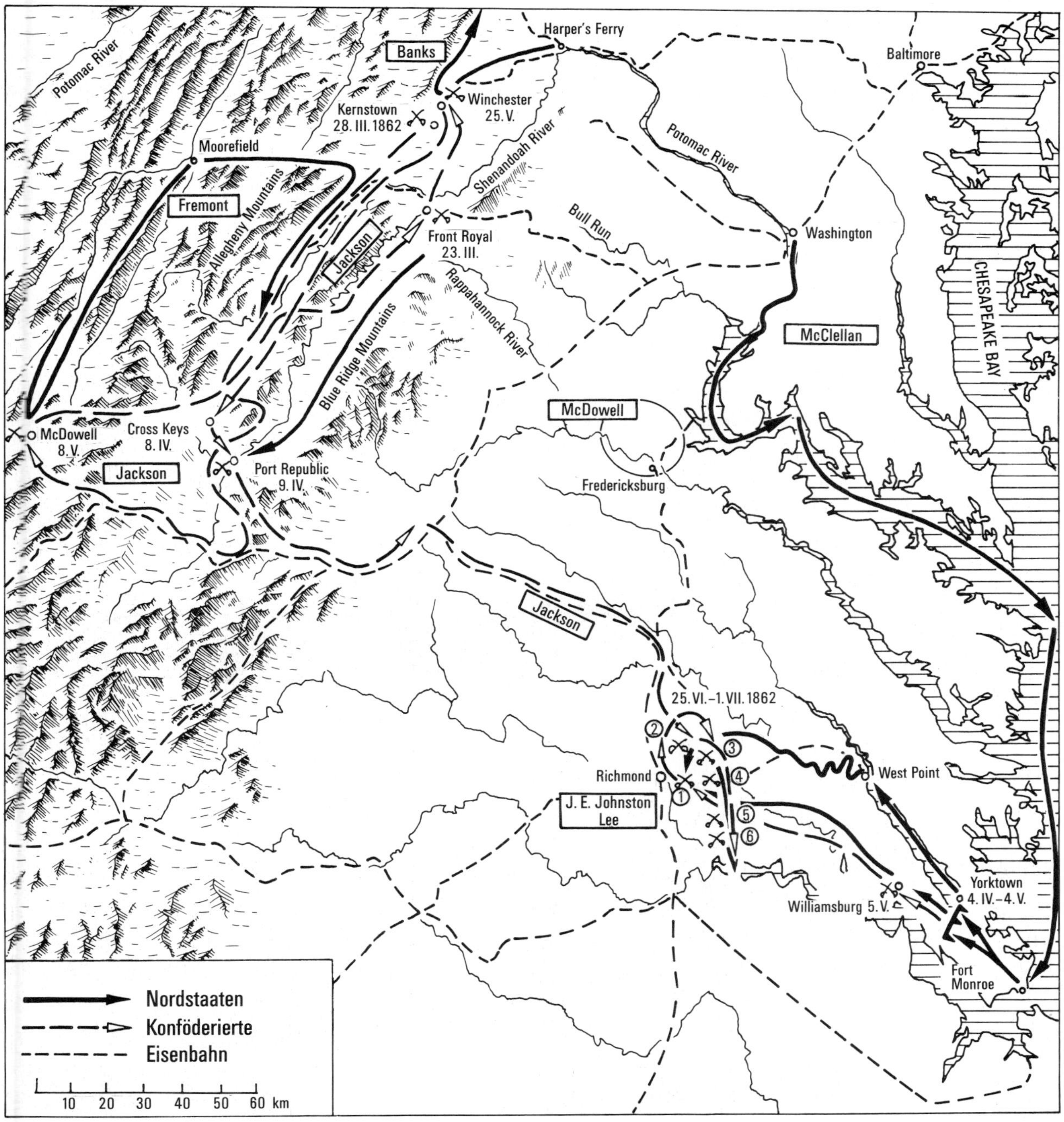

Der östliche Kriegsschauplatz. Eingetragen sind die Operationen im Frühjahr und Frühsommer 1862 („Halbinselfeldzug"). Die Schlachtfelder:

1 Fair Oaks (Seven Pines), 31. Mai und 1. Juni
2 Mechanicsville, 26. Juni
3 Gaines' Mill, 27. Juni
4 Savage's Station, 29. Juni
5 Frayser's Farm, 30. Juni
6 Malvern Hill, 1. Juli

einem vernichtenden Desaster entronnen. In der Nacht traf die Armee Buells ein, und am kommenden Tag konnten die Unionstruppen mit fast doppelter Übermacht die sich hartnäckig wehrenden Konföderierten wieder aus den eroberten Positionen vertreiben. Beauregard, der das Kommando für den am Vortag gefallenen Albert Sidney Johnston übernommen hatte, zog sich nach Corinth zurück.

Shiloh war taktisch eine unentschiedene Schlacht, strategisch aber ein neuer Sieg für den Norden. Der Versuch, das Blatt auf dem westlichen Kriegsschauplatz zu wenden, war gescheitert, einer der besten Generäle des Südens gefallen, und weitere wichtige Positionen wie Corinth mußten aufgegeben werden.

Vor allem aber bedeutete Shiloh für beide Seiten einen schweren Schock. Ein Gemetzel wie in dieser Schlacht hatte bisher auf dem amerikanischen Kontinent noch nicht stattgefunden. Fast 11 000 Mann hatte der Süden verloren, fast 14 000 der Norden – bei Bull Run hatten die Verluste noch 2000 beziehungsweise 3000 Mann betragen. Der Krieg hatte nun wirklich in all seinem blutigen Ernst begonnen.

Im Osten kamen die Operationen langsamer ins Rollen. Das lag vor allem an der Persönlichkeit des Oberkommandierenden George B. McClellan. Dieser war ein glänzender Organisator und Truppenführer, äußerst beliebt bei seinen Soldaten. Im aktiven Einsatz aber zeigte er wenig Unternehmungsgeist und neigte dazu, die Stärke des Gegners ungeheuer zu überschätzen. Hinzu kam, daß er den Demokraten nahestand und von der Regierungspartei mit Mißtrauen betrachtet wurde.

Voller Ungeduld wartete man darauf, daß er die gewaltige Armee, die er im Herbst und Winter aufgestellt und ausgebildet hatte, gegen Richmond führte. Mitte März brach die Potomac-Armee endlich auf.

McClellan wollte den Feind nicht direkt angreifen, sondern ihn umgehen, indem er, gestützt auf die Flottenüberlegenheit der Union, die Hauptmacht von 110 000 Mann auf der virginischen Halbinsel landete und von Osten her auf Richmond vorrücken ließ. Das trug dem ganzen Unternehmen den Namen „Halbinselfeldzug" ein. McClellan nützte das Überraschungsmoment nicht aus und ließ seinem Gegner Joseph E. Johnston Zeit, die konföderierte Hauptarmee vom Norden Virginias auf die Halbinsel zu bringen. Trotzdem verfügte er noch über eine fast doppelte Überlegenheit, mit der er Johnston langsam auf Richmond zurückdrängte. Eine Abteilung der Potomac-Armee in einer Stärke von 40 000 Mann, die unter McDowell bei Fredericksburg zurückgelassen worden war, wartete darauf, der Hauptmacht zu Hilfe zu kommen und Johnston in die Flanke zu fallen.

Ende Mai sah die Situation der Konföderierten fast hoffnungslos aus. Mißerfolge und schwere Geländeverluste im Westen, New Orleans gefallen, bedrohliche Landeköpfe in den Carolinas und in Georgia und die Hauptstadt kurz vor der Einnahme durch McClellan. Man konnte in Richmond schon das Gewehrfeuer von der Front hören.

Am 31. Mai griff Johnston den durch die Chickahominysümpfe vom Rest der Armee getrennten linken Flügel McClellans bei Fair Oaks und Seven Pines an. Das schwierige Gelände und schlechte Stabsarbeit machten aber seinen guten Plan zunichte. Trotzdem reichte die unentschiedene Schlacht, um McClellans Vormarsch für mehrere Wochen zum Stehen zu bringen. Das wichtigste Ergebnis aber war, daß Joe Johnston schwer verwundet und durch Robert E. Lee ersetzt wurde, der bis dahin nur mit sekundären Kommandos und der Beraterrolle für Präsident Davis betraut worden war. Er übernahm übrigens nur den Befehl über die Armee von Nordvirginia, die konföderierte Hauptarmee im Osten, das allgemeine Oberkommando erhielt er erst kurz vor Kriegsende.

Lee hatte bereits eine strategische Diversion eingeleitet, die sich entscheidend auswirken sollte. Im Shenandoahtal nordwestlich von Richmond stand eine kleine konföderierte Streitmacht unter Thomas J. Jackson, dem „Stonewall" von Bull Run, eingekeilt zwischen einer gewaltigen, aber zersplitterten Übermacht von Unionskorps. In Absprache mit Lee ergriff Jackson die Initiative und manövrierte seine Gegner in einem der brillantesten kleinen Feldzüge der Kriegsgeschichte vollkommen aus, schlug

Der Süden erhält einen neuen Kommandeur: Nach der Schlacht von Seven Pines oder Fair Oaks übernahm Robert E. Lee den Befehl über die konföderierte Nordvirginia-Armee. Die Aufnahme entstand 1863 und zeigt ihn in Felduniform. (Dimenti Studio, Richmond, Va.)

Lees mächtiger rechter Arm: „Stonewall" Jackson, aufgenommen im April 1863, zwei Wochen vor seiner tödlichen Verwundung. (Library of Congress)

Der Durchbruch: Nachdem der rechte isolierte Flügel McClellans stundenlang die konföderierten Angriffe abgewehrt hatte, traten Hoods Texaner zum Bajonettangriff an. In der Dämmerung des 27. Juni brachen sie in die Stellungen der Unionstruppen bei Gaines Mill ein und entschieden die „Schlacht der Sieben Tage" für den Süden. Auf Alfred Wauds Zeichnung nähert sich konföderierte Infanterie einigen aufgegebenen Geschützen. (Library of Congress)

Wie eine Schlacht für den einfachen Infanteristen aussah: Ein New Yorker Regiment feuert auf die im Pulverdampf nur schemenhaft wahrnehmbaren Angriffslinien der Texaner Hoods. Die Zeichnung von Edwin Forbes stellt den entscheidenden Stoß der Konföderierten in die Flanke Popes am zweiten Tag der zweiten Schlacht von Bull Run dar. (Library of Congress)

Eine neue Demütigung für den Norden: In Auflösung strömen Unionstruppen vom Schlachtfeld von Bull Run, vergeblich versucht sie ein berittener Offizier aufzuhalten. Zeichnung von Alfred Waud. (Library of Congress)

Die Gegenoffensive: Lees Armee von Nordvirginia überschreitet den Potomac bei White's Ford in der Nacht vom 4. zum 5. September 1862. „Maryland! My Maryland" spielten dabei die konföderierten Militärkapellen (Melodie: „O Tannenbaum"). Zeichnung Alfred Waud. (Library of Congress)

Lebende Ziele: Am 1. Juli brandete eine Angriffswelle Lees nach der anderen gegen die starke Stellung McClellans bei Malvern Hill an, um aus dem Sieg den kriegentscheidenden Triumph zu machen. Aber es hatte keinen Sinn – jeder Angriff blieb im vernichtenden Abwehrfeuer von 250 Geschützen stecken. Dünne lange Linien anonymer Soldaten sind es, auf die Alfred Waud seine Unionsartillerie durch den Pulverdampf schießen läßt, aber die Granaten und Schrapnells, die Vollkugeln und Kartätschen trafen Individuen, Menschen von Fleisch und Blut. Das Photo zeigt einen von ihnen, Edwin Jennison aus Georgia, gefallen bei Malvern Hill. (Beide Library of Congress)

Amerikas blutigster Tag: gefallene Konföderierte auf dem Schlachtfeld von Antietam. Alexander Gardner machte am 11. September 1862, zwei Tage nach der Schlacht, erstmals während dieses Krieges Aufnahmen von Toten. Die Unionstruppen, in deren Händen das Schlachtfeld geblieben war, hatten ihre eigenen Gefallenen schon zum größten Teil beerdigt, so daß Gardner fast nur tote Konföderierte vor die Kamera bekam. Zum Teil waren auch deren in der Hitze aufgedunsene Körper schon zur Bestattung aufgereiht, als Gardner seine Photos schoß.
Die Bilder wurden in Matthew Bradys New Yorker Galerie dem Publikum zugänglich gemacht. Am 20. Oktober berichtete ein unbekannter Journalist in der „New York Times" von seinen Eindrücken: „Die Toten auf dem Schlachtfeld treten uns selten nahe, selbst in den Träumen. Wir sehen die Liste in der Morgenzeitung beim Frühstück, aber vergessen sie mit dem Kaffee. Da ist eine wirre Menge von Namen, aber es sind alles Fremde. Wir wissen, daß das Schlachtfeld eine Realität ist, aber es ist wie ein Todesfall nebenan. Mr. Brady hat etwas getan, um uns die erschrekkende Wirklichkeit und Ernsthaftigkeit des Krieges nach Hause zu bringen. Wenn er auch die Leichen selbst nicht vor unsere Türen gelegt und entlang der Straßen aufgereiht hat, so hat er doch etwas getan, das dem sehr nahe kommt."

sie hintereinander, bedrohte Washington und paralysierte damit die 40 000 Mann McDowells, auf die McClellan als Reserve zählte und die nun von der Regierung zum Schutze der Hauptstadt zurückgehalten wurden. Statt aber Washington wirklich anzugreifen, wandte sich Jackson Mitte Juni nach Südosten, um Lee zu Hilfe zu eilen und dem nun völlig isolierten McClellan eine entscheidende Niederlage zu bereiten. Mit nie mehr als 17 000 Mann hatte Jackson über 60 000 besiegt und weitere 40 000 festgehalten. Es war ein Triumph, den der Süden dringend brauchte, um seine schwer angeschlagene Siegeszuversicht wiederherzustellen.

Als Jacksons „Fußkavallerie", wie man seine Infanterie wegen ihrer enormen Marschleistungen nannte, sich den Stellungen vor Richmond näherte, hatte sich die strategische Situation vollkommen in ihr Gegenteil verkehrt. Jetzt war es nicht mehr der Süden, den ein endgültig entscheidender Schlag zu erwarten schien, sondern der isolierten Armee McClellans drohte eine vernichtende Niederlage, die gleichfalls den Krieg hätte beenden können, aber zugunsten der Konföderierten. Mit allen Mitteln versuchte Lee, einer der aggressivsten und risikofreudigsten Generäle der Kriegsgeschichte, diese Chance wahrzunehmen. Wieder war ein Teil der Unionsarmee, diesmal der rechte Flügel mit 30 000 Mann, durch den Chickahominy von der 60 000 Mann zählenden Hauptmacht getrennt. Lee beließ nur 25 000 vor der Front des Gegners und konzentrierte 65 000 einschließlich der gerade eintreffenden Männer Jacksons gegen den isolierten Flügel.

Am 25. Juni begann eine Serie blutiger Gefechte, die man unter dem Namen Schlacht der Sieben Tage zusammenzufassen pflegt. Bei Gaines' Mill gelang am dritten Schlachttag der entscheidende Durchbruch durch den rechten Flügel McClellans, aber dann ging in dem waldreichen und morastigen Gelände die Fühlung mit dem abziehenden Gegner verloren. Organisation und Stabsarbeit der konföderierten Armee waren unter solchen Bedingungen den Plänen ihres Feldherrn noch nicht gewachsen, selbst Jackson zeigte in diesen Tagen eine schwer erklärbare Passivität.

McClellan führte mit großem Geschick seine Truppen nach Süden zu einer neuen Basis am James River. Die Konföderierten setzten wütend nach, wurden aber unter schweren Verlusten abgewiesen. Damit endete am 1. Juli die Schlacht der Sieben Tage.

McClellan hatte den Halbinselfeldzug verloren, zugleich aber die größte Siegeschance des Südens vereitelt. Die Verluste stellten einen neuen Rekord dar. Fast 16 000 Mann hatten die Unionstruppen an diesen sieben Tagen verloren, über 20 000 die Konföderierten.

Mittlerweile hatte man die von Jackson ausmanövrierten Truppen im Norden von Virginia zu einer neuen Armee von 50 000 Mann zusammengefaßt und unter das Kommando von John Pope gestellt. Sie bedrohte nun Lees siegreiche Armee von Norden. Der konföderierte Feldherr ließ von McClellan ab, teilte seine Armee und schickte Jackson mit 24 000 Mann in Popes Rücken. Dieser machte kehrt und griff Jackson am 29. August auf dem alten Schlachtfeld von Bull Run an, in der Annahme, es mit Lees gesamter Armee zu tun zu haben. Am nächsten Tag fiel ihm jedoch die zweite Hälfte von Lees Armee aus dem Marsch heraus in die offene linke Flanke und fügte ihm eine demütigende Niederlage zu. Nachdem sie Verluste von über 16 000 Mann erlitten hatten, zogen sich Popes Truppen fluchtartig auf die Befestigungen von Washington zurück.

Virginia war von feindlichen Truppen befreit, und Lee konnte die Initiative ergreifen. Er entschied sich für den Einmarsch in Maryland, in der Hoffnung, diesen Grenzstaat für die Konföderation zu gewinnen, seine Armee in noch nicht ausgesogenen Landstrichen zu versorgen und Washington und andere Großstädte an der Mittelatlantikküste unmittelbar zu bedrohen. Lees Offensive war um so bedeutsamer, als gleichzeitig auch im Westen die Konföderierten die Initiative an sich rissen und unter Kirby Smith und Braxton Bragg in Kentucky eindrangen. Ein Sieg des Südens schien erneut in greifbare Nähe gerückt.

Da erhielt McClellan, der inzwischen wieder das Kommando über alle Unions-

Gefallene einer Louisiana-Brigade entlang Hagerstown Turnpike. (McGuire Collection, Burbank, Ill.)

Tote Konföderierte in der „Bloody Lane". Es handelt sich nicht um ein Massengrab, sondern um einen Hohlweg, der als Verteidigungsstellung diente, die Toten liegen also, wie sie gestorben sind. Der hintere Teil ist von Beerdigungskommandos bereits geräumt. (Library of Congress)

truppen im Osten erhalten hatte, die Chance seines Lebens. Lee teilte in Kenntnis der übervorsichtigen Verfahrensweise seines Gegners die Armee und detachierte Jackson, um Harper's Ferry einzunehmen. Das gelang auch, und 10 000 Yankees marschierten in die Gefangenschaft, aber ein Exemplar des Sonderbefehls Nr. 191, der die Verteilung von Lees aufgesplitterter Armee enthielt, fiel einigen Unionssoldaten in die Hände – sie fanden das Papier zusammen mit Zigarren in einem Couvert auf einer Wiese – und wurde McClellan überbracht. Sofort setzte er seine überlegene Streitmacht in Marsch, um die Armee von Nordvirginia en detail zu schlagen. Konföderierte Teilkräfte leisteten an den Pässen verzweifelten Widerstand, aber am 15. September stand Lee bei Sharpsburg mit 19 000 Mann, den Potomac im Rücken, den 75 000 Mann McClellans gegenüber. Dieser aber zögerte, wie immer, und griff erst am 17. September an. Inzwischen hatte Lee wieder 41 000 Mann zusammen, aber seine Situation war immer noch verzweifelt genug.

Die Angriffe der mittlerweile auf 87 000 Mann verstärkten Nordstaatler waren schlecht koordiniert und konnten von Lee in einer glänzend geführten Verteidigungsschlacht mit knapper Not zurückgeschlagen werden. Die Schlacht von Sharpsburg oder Antietam war der blutigste einzelne Kampftag des ganzen Krieges. Fast 13 000 Unionssoldaten und 11 000 Konföderierte bedeckten tot oder verwundet die Walstatt. Zwei Tage später trat Lee den Rückzug aus Maryland an, die Gegenoffensive des Südens war abgewehrt.

Das Gefühl der verpaßten Gelegenheit überwog aber im Norden, und einige Wochen nach der unentschiedenen Schlacht von Antietam wurde McClellan von seinem Kommando abgelöst. Dennoch war Antietam ein Wendepunkt des Krieges, aber es war ein politischer Wendepunkt, und er sollte den ganzen Charakter des Konflikts ändern.

Zur Bestattung aufgereihte tote Südstaatler. (Library of Congress)

Gefallener Konföderierter neben dem Grab eines Unionsoffiziers.
(Library of Congress)

Der Präsident bei der Armee: Am 3. Oktober 1862 besuchte Lincoln die Potomac-Armee und das Schlachtfeld von Antietam. Das berühmte Photo von Alexander Gardner zeigt ihn mit McClellan (dem Präsidenten gegenüberstehend) vor dem Hauptquartier des V. Korps. Ganz rechts im Bild, mit Hut, steht Captain George A. Custer, der damals in McClellans Stab diente.
(Library of Congress)

«...SOLLEN VON NUN AN UND FÜR IMMER FREI SEIN.»

Die Frage der Sklavenemanzipation lag seit Kriegsausbruch in der Luft. Offiziell kämpfte der Norden ausschließlich für die Wiederherstellung der Union, einzelne Kommandeure, die eigenmächtig Sklaven in besetzten Gebieten befreit hatten, waren scharf zurechtgewiesen worden. Der radikale, abolitionistische Flügel der Republikaner wollte jedoch den Krieg in einen Kreuzzug gegen die Sklaverei umgewandelt sehen.

Lincoln war sich lange unschlüssig, welchen Weg er einschlagen sollte. Bisher war der Krieg von beiden Seiten für ausgesprochen konservative Ziele geführt worden. Der Norden wollte die Union aufrechterhalten, der Süden die Staatsrechte und seine Institutionen verteidigen, beide beriefen sich fortwährend auf die Verfassung, in deren wahrem Geist zu handeln sie behaupteten. Machte man die Abschaffung der Sklaverei und damit die Zerschlagung des ganzen Wirtschafts- und Gesellschaftssystems der Südstaaten zum Kriegsziel, bedeutete dies eine Revolutionierung des Konflikts mit unabsehbaren Konsequenzen.

Der Weg für einen Kompromißfrieden wurde verstellt und ein ganz neues Problem geschaffen: Wie sollte die Ordnung des Südens nach einem Sieg der Union aussehen?

Eine weitere Schwierigkeit bestand darin, daß ja auch die in der Union verbliebenen Grenzstaaten Sklaven hatten. Man durfte sie den Konföderierten nicht in die Arme treiben, indem man ihre Arbeitskräfte enteignete. Schließlich war Lincoln selbst durchaus kein Anhänger voller Gleichberechtigung oder gar einer Vermischung der Rassen. Wie vielen Gemäßigten schwebte ihm die Aussiedlung der befreiten Neger nach Lateinamerika oder Afrika als ideale Lösung vor, eine Idee, die seit Jahrzehnten durch die Köpfe spukte und auch in der Gründung von Liberia 1821 konkrete Form gefunden hatte, die aber angesichts der zahlenmäßigen Dimensionen unmöglich umfassend angewandt werden konnte.

Ausschlaggebend für Lincoln war die Zweckmäßigkeit der Emanzipation als Kampfmittel zur Aufrechterhaltung der Union. Mehr und mehr festigte sich in ihm die Überzeugung, daß der Siegeswille des Nordens einen neuen moralischen Impuls brauchte und daß der Krieg, nachdem er nun einmal da war, dazu benutzt werden mußte, das leidige Problem ein für allemal aus der Welt zu schaffen. Die entscheidende Rolle spielte aber zweifelsfrei das außenpolitische Kalkül. Über dem Norden schwebte unentwegt das Damoklesschwert einer britisch-französischen Intervention zugunsten des Südens. Die Konföderation genoß nicht nur in konservativen, sondern auch in liberalen Kreisen Europas Sympathie, da sie für die Sache der Selbstbestimmung kämpfte. Es ist bezeichnend, daß fast die einzige internationale Anerkennung der Konföderation von der polnischen Exilregierung kam. Erklärte man nun den Kampf gegen den Süden zum Kreuzzug gegen die Sklaverei, gewannen die Kriegsziele der Union ein moralisches Prestige, das es jeder europäischen Nation schwermachen mußte, zugunsten der Sklavenhalter militärisch einzugreifen.

Ende Juli 1862 überraschte Lincoln sein Kabinett mit einem Entwurf, demzufolge alle Sklaven der Rebellen – nicht die der

In Erwartung des „Jubeljahres": Neger auf der Flucht zu den Unionstruppen, aufgenommen von Timothy O'Sullivan in Virginia im August 1862, wenige Wochen vor Lincolns Emanzipationserklärung. (Moccus-Collection, Philadelphia, Pa.)

Das entscheidende Kampfmittel: Die Karikatur läßt wenig Zweifel am pragmatischen Charakter der Sklavenbefreiung. Während die Generäle Halleck und McClellan vergeblich mit den Holzhämmern „Geschicklichkeit" und „Strategie" auf das robuste Rückgrat eines monströsen Hundes namens „Rebellion" einschlagen, den Jefferson Davis an der Kette führt, schlägt Kriegsminister Stanton seinem Präsidenten optimistisch vor, den Hammer „Wehrpflicht" einzusetzen, und Lincoln erwidert ihm, die Axt „Emanzipationsproklamation" geschultert: „Du kannst das an ihm ausprobieren, aber ich fürchte, diese meine Axt ist das einzige Ding, das ihn erledigen wird."

Die Drohung der Intervention: Europa und der Bürgerkrieg. Einer der größten strategischen Trümpfe der Konföderation war das feste Vertrauen auf europäische Hilfe. In Deutschland und vor allem in Rußland stand man zwar auf der Seite der Union, aber ausschlaggebend war die Haltung der westeuropäischen Seemächte England und Frankreich.

Die Wirkung in Europa: Vergeblich hausiert Jeff Davis mit Baumwolle, Gutscheinen, Sezession, Demokratie und anderen bei Europas Machthabern – Kaiser Napoleon III. von Frankreich wie Königin Victoria von Großbritannien lehnen beide dankend ab, Lincolns Proklamation in der Hand beziehungsweise auf dem Tisch.

VERY PROBABLE.

LORD PUNCH. "THAT WAS JEFF DAVIS, PAM! DON'T YOU RECOGNISE HIM?"
LORD PAM. "HM! WELL, NOT EXACTLY—MAY HAVE TO DO SO SOME OF THESE DAYS."

"UP A TREE."
Colonel Bull and the Yankee 'Coon.

'COON. "AIR YOU IN ARNEST, COLONEL?"
COLONEL BULL. "I AM."
'COON. "DON'T FIRE—I'LL COME DOWN."

„Sehr wahrscheinlich": Die satirische Zeitschrift „Punch" vertrat einen prosüdstaatlerischen Standpunkt und erwartete 1862 eine baldige Anerkennung der Konföderation durch die britische Regierung. „Das war Jeff Davis, Pam!" sagt „Lord Punch" zu Premierminister Lord Palmerston, während im Hintergrund eine Schlagzeile eine erneute Niederlage der Bundestruppen meldet. „Erkennst du ihn nicht (im Englischen doppeldeutig mit ‚anerkennen')?" Palmerston erwidert: „Hm! Nicht so recht – mag sein, daß es dieser Tage zu tun sein wird." Karikatur von John Tenniel.

John Bull und der Yankee-Waschbär: „Ist es Euer Ernst?" fragt Lincoln als Waschbär von seinem Ast herab. „Ja!" antwortet Colonel Bull und zielt mit der Flinte nach ihm. „Schießt nicht – ich komme runter." Die „Punch"-Karikatur von Tenniel ist während der „Trent"-Affäre entstanden.

Die Bastion der Freiheit: Der siegreiche Adler der Union hält den Doppeldrachen „Sezession" und „Verrat", der über dem Meer um Hilfe schreit. Die heraldische Menagerie Europas droht böswillig, aber unentschlossen, links der militärisch herausgeputzte gallische Hahn, rechts der britische Löwe und das schottisch-kanadische Einhorn. Die Karikatur von A. Hochstein ist mit „Unsere auswärtigen Beziehungen" betitelt und stammt aus dem Jahre 1864, als mit einem militärischen Eingreifen europäischer Mächte faktisch nicht mehr zu rechnen war.

Proklamation der Freiheit: Am 1. Januar 1863 wurde die am 22. September 1862 angekündigte Befreiung der Sklaven in den Rebellengebieten bestätigt. Das Dokument trägt die Unterschriften von Präsident Lincoln und Außenminister Seward. (New York State Library)

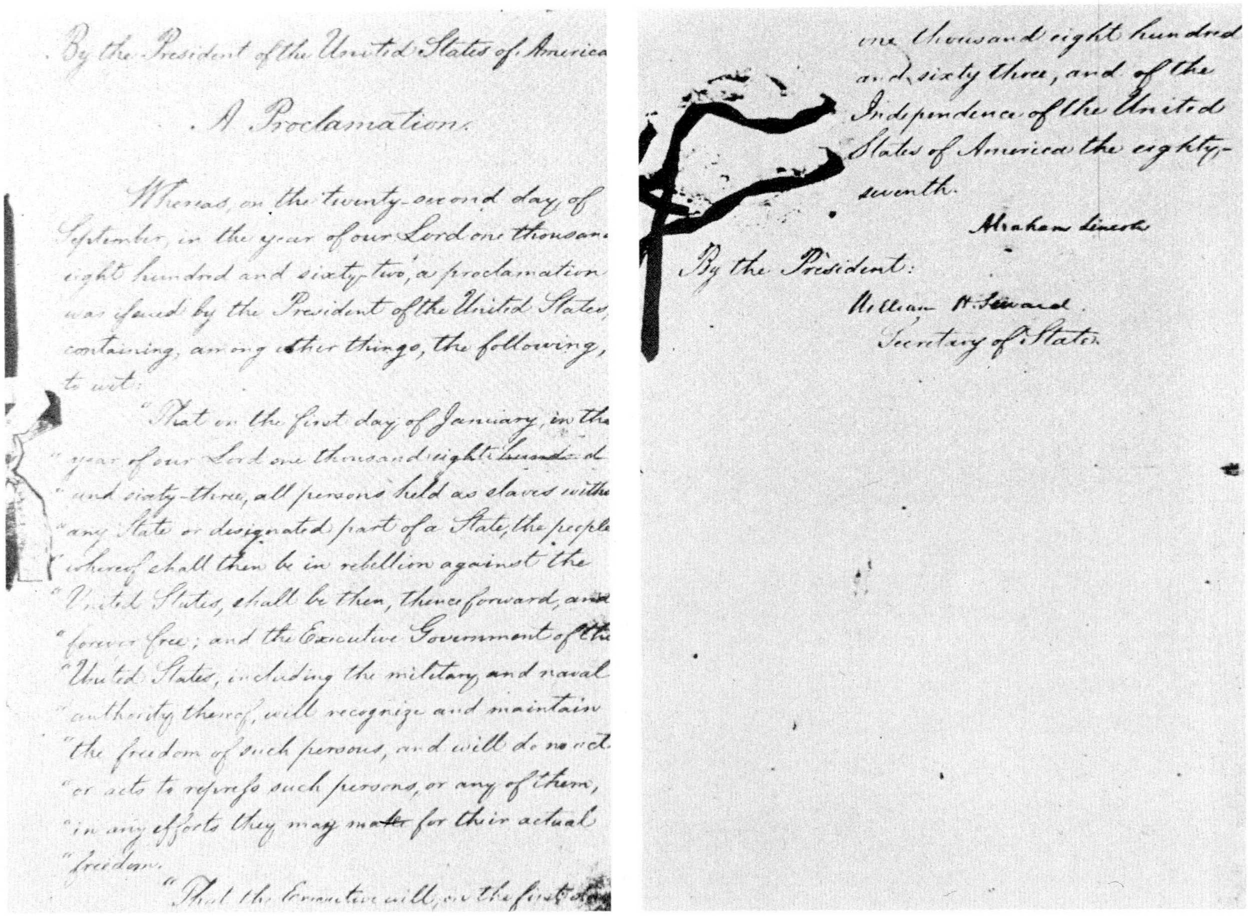

By the President of the United States of America

A Proclamation.

Whereas, on the twenty-second day of September, in the year of our Lord one thousand eight hundred and sixty-two, a proclamation was issued by the President of the United States, containing, among other things, the following, to wit:

"That on the first day of January, in the year of our Lord one thousand eight hundred and sixty-three, all persons held as slaves within any State or designated part of a State, the people whereof shall then be in rebellion against the United States, shall be then, thenceforward, and forever free; and the Executive Government of the United States, including the military and naval authority thereof, will recognize and maintain the freedom of such persons, and will do no act or acts to repress such persons, or any of them, in any efforts they may make for their actual freedom.

"That the Executive will, on the first day

one thousand eight hundred and sixty three, and of the Independence of the United States of America the eighty-seventh.

Abraham Lincoln

By the President:

William H. Seward.

Secretary of State

Vergangenheit und Zukunft: Thomas Nast gruppiert in seinem Propagandablatt vom 24. Januar 1863 um eine sich am Ofen der Union wärmende glückliche Negerfamilie links die finsteren Szenen aus den Tagen der Sklaverei – Auspeitschung, Brandmarkung, Sklavenmarkt – und rechts die hoffnungsvollen, die die anbrechende Zeit der Freiheit bringen wird – Schulbesuch und Lohnauszahlung, offenbar die Inbegriffe der Glückseligkeit für einen Progressiven des 19. Jahrhunderts. („Harper's Weekly")

Negerfurcht auch im Norden: Diese demokratische Karikatur, die aus dem Wahlkampf von 1864 stammt, greift Lincoln (fälschlicherweise) als Vorkämpfer der Rassenvermischung an. Herausgeputzte Neger führen sich als Herren auf, zwei von ihnen halten weiße Mädchen im Arm. „Rassenmischung oder das Jahrtausend des Abolitionismus" ist das ganze betitelt.

Eine Reaktion aus dem Süden: Adalbert Volck stellt einen satanischen Lincoln dar, der, die Verfassung mit Füßen tretend, mit seiner Proklamation einen Rassenkrieg der Südstaaten heraufbeschwören möchte. Darauf spielen auch die Bilder an der Wand an, „St. Ossawatomie" (John Brown mit Heiligenschein) und eine Greuelszene von Santo Domingo, wo die aufständischen Sklaven 1791 ein Blutbad unter den französischen Herren anrichteten.

Alltag im Umbruch: Wie die meisten ihrer Rassegenossen verrichten diese Sklaven weiter ihre Arbeit auf einer Plantage auf Hilton Head, South Carolina. Nur die Uniformteile, die einige tragen, verraten, daß es Krieg ist. (U.S. Military History Institute, Carlisle Barracks, Pa.)

loyalen Grenzstaaten – für frei erklärt werden sollten. Den letzteren wurde angeboten, ihre Sklaven allmählich und gegen Entschädigung freizulassen. Seward wandte ein, eine solche Maßnahme würde im Ausland wenig überzeugend wirken, wenn sie in einem Augenblick militärischer Niederlage erfolgte, „als letzter Hilfeschrei beim Rückzug von der Halbinsel". Lincoln schloß sich dieser Meinung an und entschied, mit seiner Erklärung zu warten, bis die Armee so etwas wie einen Erfolg vorzuweisen hatte. Antietam bot nun diese Gelegenheit, nicht gerade ein großer Sieg, aber immerhin doch wenigstens keine Niederlage.

So erließ Lincoln fünf Tage nach der Schlacht, am 22. September 1862, seine Emanzipationsproklamation. „Alle Personen, die als Sklaven gehalten werden, sollen am ersten Tag des Januar des Jahres unseres Herrn Eintausendachthundertunddreiundsechzig in jedem Staat oder abgegrenzten Teil eines Staates, dessen Bevölkerung sich dann noch in Rebellion gegen die Vereinigten Staaten befindet, von da an und für immer frei sein."

Die Emanzipation galt also gerade für die Teile der Vereinigten Staaten, die die Unionsregierung nicht unter Kontrolle hatte. Aber mit fortschreitender Besetzung der Südstaaten wurde aus der verbalen Erklärung zusehends Realität. Solange die Konföderierten ein Gebiet beherrschten, blieb die Masse der Sklaven ihren Herren treu, zu gewaltsamen Widersetzlichkeiten oder gar Aufständen kam es nirgends. Standen jedoch Unionstruppen in der Nähe, verließen viele Neger ihre Quartiere und zogen in die Lager. Sie hatten keine Vorstellung von dem, was sie erwartete, aber viele erfaßte eine tief erregte Aufbruchsstimmung, der Glaube, das verheißene „Jubeljahr" sei gekommen.

Die Unionssoldaten wußten meist nicht so recht, was sie mit diesem Gefolge machen sollten. Man zog die schwarze „Kontrabande" zu allen möglichen Arbeitsdiensten und Hilfeleistungen heran und verpflegte sie aus Armeebeständen, so gut es ging. In befriedeten Gebieten gab es auch erste Ansätze, die Erziehung und wirtschaftliche Selbsthilfe der Befreiten in Angriff zu nehmen, aber es existierten noch keine systematischen Maßnahmen und keine offizielle Politik in diesen Fragen.

Unter der Anspannung des Krieges lag es nahe, die Schwarzen auch zum Dienst mit der Waffe heranzuziehen, so daß sie für ihre eigene Freiheit kämpfen konnten. Die ersten farbigen Einheiten, die stets von weißen Offizieren geführt wurden, stellte Benjamin Butler in den besetzten Teilen Louisianas im September 1862 auf. Zunächst legte Lincoln noch sein Veto gegen die Formierung von far-

„Kontrabande": entlaufene Sklaven im Arbeitseinsatz für die Unionsarmee, vermutlich am Potomac bei Alexandria, Virginia.
(National Archives)

Farbige Truppen: Nichts war geeigneter, in den Exsklaven ein Gefühl für ihren Selbstwert zu schaffen, als die Teilnahme am bewaffneten Kampf. Aus den meisten Photos von Negersklaven sprechen Stolz und eine fast kindliche Freude an der Uniform. Die Enttäuschungen, die nach dem Ende ihrer Dienstzeit auf die meisten von ihnen warten, ahnen sie noch nicht.

Blaskapelle und Arrestwache der 107. US-Farbigen-Infanterie in Fort Corcoran bei Washington.
(U.S. Military History Institute, Carlisle Barracks, Pa.)

Symbol des Widerstandes: Im Frühjahr 1863 begannen Unionsflotte und -armee den systematischen Angriff auf die Hochburg der Sezession. Alle Versuche, an den Forts, die den Zugang zum Hafen verlegten, vorbeizukommen, scheiterten jedoch bis zum Februar 1865, als Shermans Truppen heranmarschierten und die Konföderierten zur Räumung der Stadt zwangen. Allein auf Fort Sumter gingen im Laufe der Bombardements weit über 30 000 Granaten und Wuchtgeschosse schwerster Kaliber nieder, die das Mauerwerk in einen Schutthaufen aus Ziegeln und Eisen verwandelten, der aber mit der gleichen Verbissenheit verteidigt wurde wie die intakten Wälle.

Mächtige Erdwerke und Geschütze erheben sich vor säulengeschmückten Herrenhäusern in White Point Gardens an Charlestons berühmter Küstenpromenade.
(National Archives)

Erste Aufnahme unter scharfem Feuer: Am 8. September 1863 pflanzte der Photograph George S. Cook aus Charleston seine Kamera auf den Wällen von Fort Sumter auf, um die Monitore der Unionsflotte bei der Beschießung von Fort Moultrie aufzunehmen. Die Aktivitäten Cooks erregten die Aufmerksamkeit der Besatzung des Monitors „Weehawken", der das Feuer auf Fort Sumter eröffnete. Die Aufnahme zeigt die Rauchwolke einer im Inneren des zerschossenen Forts krepierenden Granate von diesem Schiff.
(U.S. Military History Institute, Carlisle Barracks, Pa.)

bigen Kampftruppen ein, aber nach der Emanzipationsproklamation entfiel dieser Widerstand. Von 1863 an wurden in großem Stil Negerregimenter aufgestellt, in denen bis Kriegsende fast 180 000 Mann dienten. Etwas über die Hälfte von diesen stammten aus den konföderierten Staaten, der Rest aus den Grenzstaaten und aus dem Norden. Sie schlugen sich im allgemeinen gut, wurden aber verhältnismäßig wenig im Kampf eingesetzt, da die Kommandeure Angst hatten, hohe Verluste bei den farbigen Einheiten würden ihnen von der abolitionistischen Presse als Absicht ausgelegt werden. Auch war mit extremer Härte von seiten der Südstaatler zu rechnen, wenn sie es mit schwarzen Gegnern zu tun bekamen. Wiederholt wurde von Massakern unter gefangenen Negersoldaten berichtet, und zumindest das von Fort Pillow im April 1864 scheint nicht nur Greuelpropaganda gewesen zu sein.

Die Konföderierten verwendeten Sklaven im großen Umfang bei militärischen Arbeitseinsätzen, aber es gehörte die Verzweiflung des schon unabwendbaren Zusammenbruches dazu, um sie im Frühjahr 1865 auch bewaffnete Einheiten aufstellen zu lassen. Ins Gefecht gekommen sind diese Truppen nicht mehr.

Charleston im Frühjahr 1865: eine Ruinenlandschaft. (Miller's Photographic History of the Civil War)

Massaker in der Abenddämmerung. Am 18. Juli 1863 stürmte die 54. Massachusetts-Farbigen-Infanterie mit 600 Mann den Angriffskolonnen der Union voran, die Fort Wagner auf Morris Island bei Charleston nach einem schweren Bombardement zu überrennen versuchten. Der Angriff scheiterte, und 276 Männer einschließlich des (weißen) Kommandeurs wurden getötet oder verwundet. Frank Vizetellys Zeichnung zeigt im Vordergrund Unionssoldaten, die während eines Waffenstillstands am nächsten Tag die Gefallenen bergen, im Hintergrund ist die Silhouette von Charleston unter einer Gewitterwolke sichtbar. (Harvard College Library)

DER WEG NACH GETTYSBURG

Im Herbst 1862 verebbten die Gegenoffensiven der Konföderierten im Osten wie im Westen. Drei Wochen, nachdem Lee Maryland wieder geräumt hatte, zogen sich die Südstaatler nach der unentschiedenen Schlacht von Perryville aus Kentucky zurück. Auch ein Versuch, den wichtigen Eisenbahnknotenpunkt Corinth in Mississippi zurückzuerobern, scheiterte Anfang Oktober in einer blutigen Schlacht.

Nun war es wieder an den Nordstaaten, zum Angriff überzugehen. Grant bereitete im Westen einen Vorstoß auf Vicksburg, das letzte Bollwerk der Konföderierten am Mississippi, vor. Im Osten setzte Ambrose E. Burnside, der Nachfolger McClellans, die Potomac-Armee in der direkten Route auf Richmond in Marsch. Ab Mitte November stand er bei Fredericksburg seinem gefürchteten Gegner gegenüber. Nach umfangreichen Vorbereitungen begannen die Unionstruppen mit 122 000 Mann den Rappahannock zu überschreiten. Lees Nordvirginia-Armee stand mit 78 000 Mann jenseits von Fredericksburg auf einem Höhenzug in einer hervorragenden Verteidigungsstellung. Trotzdem beschloß Burnside den Frontalangriff. Er fand am 13. Dezember statt und scheiterte vollkommen. 13 000 Nordstaatler bedeckten am Abend das Feld, und Lee hatte die Karriere eines weiteren Generals zerstört. Das auf offensichtliche Inkompetenz zurückzuführende Desaster brach vorerst den Offensivgeist der Potomac-Armee und lastete schwer auf der Stimmung des Nordens in diesem zweiten Kriegswinter.

Auch im Westen endeten die Operationen des Jahres 1862 mit Mißerfolgen der Union. In zwei Gruppen rückte Grants Armee Ende Dezember auf Vicksburg vor. Die Bewegung der einen kam zum Stillstand, als Forrests Kavallerie im Rücken angriff und Grants Operationsbasis zerstörte. Die andere unter Sherman, die zu Schiff vorging, wurde blutig abgewiesen. „Ich erreichte Vicksburg zum festgesetzten Zeitpunkt, landete, griff an und scheiterte", faßte der Kommandeur in cäsarischer Kürze das Ergebnis zusammen. Grant gab die Unternehmung gegen Vicksburg aber keinesfalls auf. Den ganzen Winter und das ganze Frühjahr 1863 hindurch beschäftigte er seine Soldaten mit vergeblichen Versuchen, an Vicksburg durch Anlage von Kanälen und weit ausholende Umgehungsmanöver vorbeizukommen. Hartnäckige, durch Mißerfolge nicht zu erschütternde Zielstrebigkeit gehörte zu den größten Vorzügen Grants und unterschied ihn deutlich von den wechselnden Kommandeuren im Osten. Lincoln wußte diese Eigenschaft zu schätzen. „Ich kann auf den Mann nicht verzichten – er kämpft", erwiderte er Kritikern des als Trinker geschmähten Generals.

Genau zum Jahreswechsel fand in Tennessee noch eine der verlustreichsten Schlachten im Westen statt. Braxton Bragg fiel mit seinen 35 000 Konföderierten bei Murfreesboro oder Stones River am 31. Dezember völlig überraschend über die etwas stärkere Armee seines Gegners Rosecrans her und verfehlte es nur knapp, dieser eine Niederlage vernichtenden Ausmaßes beizubringen. Im entscheidenden Augenblick verlor Bragg die Nerven und vermochte nicht, die Früchte seiner geschickten Planung zu ernten, eine Eigenschaft, die er noch öfter beweisen sollte. Als er am

„Es ist nur gut, daß alles so schrecklich ist": Das sagte General Lee am 13. Dezember 1862 beim Anblick der wieder und wieder mit wehenden Fahnen und blitzenden Bajonetten in das rasende Abwehrfeuer seiner Truppen stürmenden blauen Angriffskolonnen, und er fügte hinzu: „Ich fürchte, wir würden sonst zuviel Gefallen daran finden". Alfred Wauds Zeichnung zeigt einen dieser ebenso grandiosen wie sinnlosen Angriffe, den der Division Humphreys. Der General winkt hoch zu Roß seine Soldaten vorwärts, dahinter die Pulverdampflinie der hinter einer Mauer zu Füßen von Marye's Heights bei Fredericksburg stehenden konföderierten Infanterie. (Library of Congress)

Das Gemetzel aus der Ferne: Von einem Kirchturm in Fredericksburg aus hielt Alfred Waud den Angriff Burnsides auf den linken Flügel Lees fest. In langen Linien nähern sich die Unionstruppen den Tod und Verderben speienden Stellungen auf Marye's Heights. Am Abend bedeckten 13 000 von ihnen blutend das Schlachtfeld, ohne daß irgendein Erfolg erzielt worden wäre. (Library of Congress)

2. Januar 1863 den Angriff erneuerte, hatte der Feind seine Position gefestigt, und Bragg brach die Schlacht ab, die weiteren 25 000 Mann Tod oder Verwundung gebracht hatte.

Zu Beginn des Jahres 1863 schien die Situation an allen Fronten festgefahren zu sein. Grant mühte sich zäh, aber ohne greifbare Resultate am Mississippi ab, in Tennessee waren die Gegner nach der Schlacht von Murfreesboro auf ihre Ausgangspositionen zurückgegangen, in Virginia standen sich Lee und Burnside nach wie vor bei Fredericksburg gegenüber. Die starke taktische Stellung Lees hatte den Nachteil, daß er seinerseits auch nicht angreifen konnte, ohne auf freiem Feld in das Feuer der massierten Unionsartillerie zu kommen. Ende Januar wurde dann Burnside abgelöst, und an seine Stelle trat der als kampflustig geltende Joseph Hooker. „Fighting Joe", wie die Presse ihn hoffnungsfroh nannte, erwies sich sogleich als vorzüglicher Organisator. Es war zweifellos die schlagkräftigste Armee, die die Union bis dahin besessen hatte, die Hooker Ende April 1863 in Marsch setzte, um die Operationen wieder in Bewegung zu bringen und Lee endlich die entscheidende Niederlage zuzufügen. Der Chancellorsville-Feldzug hatte begonnen, einer der bemerkenswertesten der Kriegsgeschichte.

Zahlenmäßig waren die Voraussetzungen für einen Sieg Hookers denkbar günstig. Er verfügte über fast 134 000 Mann, denen die durch Detachierungen geschwächte Armee von Nordvirginia keine 61 000 entgegenstellen konnte. Der Plan Hookers war gut und sollte die Überlegenheit der Unionstruppen zu größtmöglicher Wirkung bringen.

Während ein Drittel der Armee unter Sedgwick bei Fredericksburg zurückblieb und Lees Aufmerksamkeit durch Scheinangriffe binden sollte, setzte Hooker die Masse seiner Armee zu einer weit nach Westen ausholenden Bewegung gegen den Rücken der feindlichen Stellung an. Lee blieb nur die Wahl, einen der beiden Flügel Hookers anzugreifen und dann fast unweigerlich zwischen der Übermacht zerdrückt zu werden oder seine Position bei Fredericksburg schleunigst aufzugeben und sich nach Süden zurückzuziehen.

Der konföderierte Kommandeur, der von seiner Kavallerie sehr rasch über den Anmarsch des Gegners informiert wurde, reagierte jedoch in einer von Hooker ganz und gar unvorhergesehenen Art und Weise. Er ließ 10 000 Mann unter Early in den Fredericksburg-Stellungen zurück, um Sedgwick zu beschäftigen, und wandte sich mit den verbleibenden 51 000 am 1. Mai gegen Hookers Hauptmacht. Diese war, nachdem sie den Rappahannock und den Rapidan überschritten hatte, in dicht bewaldetes, völlig unübersichtliches Gelände geraten, die sogenannte „Wilderness". Dabei kam der Vormarsch der verschiedenen Kolonnen ins Stocken, und eine ungleichmäßige Front entstand. Als Hooker von Lees Gegenbewegung erfuhr, ließ er seine Armee endgültig anhalten, um sich zur Verteidigung einzurichten.

Am Abend des 1. Mai erfuhr Lee von Stuart, daß Hookers rechter Flügel ohne Anlehnung in der Luft hing. Er faßte nun einen Plan, der an Kühnheit nicht mehr zu überbieten war. Während er selbst mit nur 17 000 Mann vor der Front Hookers stehenblieb, um dessen Aufmerksamkeit auf sich zu ziehen und einen bevorstehenden Angriff an diesem Abschnitt vorzutäuschen, schickte er Jackson mit 26 000 auf einen 25 Kilometer langen Marsch, der ihn unter der Nase des Geg-

Vorbereitungen für ein Desaster: Am 11. Dezember 1862 schlagen Pioniere der Unionsarmee unter dem Feuer feindlicher Scharfschützen eine Pontonbrücke über den Rappahannock bei Fredericksburg. Die Artillerie verwandelt die virginische Kolonialstadt, in der George Washingtons Mutter aufgewachsen ist, in einen Trümmerhaufen. Zeichnung von Alfred Waud. (Library of Congress)

„Sie schienen sich zu freuen, alles zu zerstören“: Alfred Wauds Skizze zeigt plündernde Unionssoldaten in den Ruinen von Fredericksburg. (Library of Congress)

„Master Abraham Lincoln bekommt ein neues Spielzeug": Diese Karikatur aus den „Southern Illustrated News" verhöhnt den blamablen Verschleiß an Kommandeuren auf der Unionsseite. „Fighting Joe" Hooker ist Lincolns neuer Favorit, während seine geschlagenen Vorgänger die Regale füllen.

Der Verlierer von Fredericksburg: Wenige Wochen nach seiner schweren Niederlage wurde Ambrose Burnside als Kommandeur der Potomac-Armee abgehalftert. (Miller's Photographic History of the Civil War)

„Möge Gott General Lee gnädig sein, denn ich werde es nicht sein": Hooker war sich seines Sieges sicher, als er Ende April 1863 mit mehr als doppelter Übermacht gegen Lee losschlug. Einige Wochen vorher, den 9. April, hatte er dem Präsidenten die reorganisierte Potomac-Armee in Parade vorgeführt. Auf Alfred Wauds Zeichnung defilieren gerade Kavallerieeinheiten an Lincoln vorbei, der rechts im Mittelgrund zu Pferde die Parade abnimmt. (Library of Congress)

„Fighting Joe" schwingt sich in den Sattel: „Persönlich den Steigbügel halten" wollte Lincoln seinen Generälen, wenn sie nur siegten. Von Hooker hatte er sogar gehört, er sei der Ansicht, das Land brauche einen Diktator. „Nur Generäle, die siegreich sind, können sich zum Diktator machen", schrieb er ihm halb verzweifelt, halb ironisch am 26. Januar 1863. „Was ich von Ihnen möchte, ist militärischer Erfolg, und ich will die Diktatur riskieren." (National Archives)

Die Schlacht bei Chancellorsville in Virginia, 1. – 4. Mai 1863. Situationen am Abend des 2. Mai und am 4. Mai.

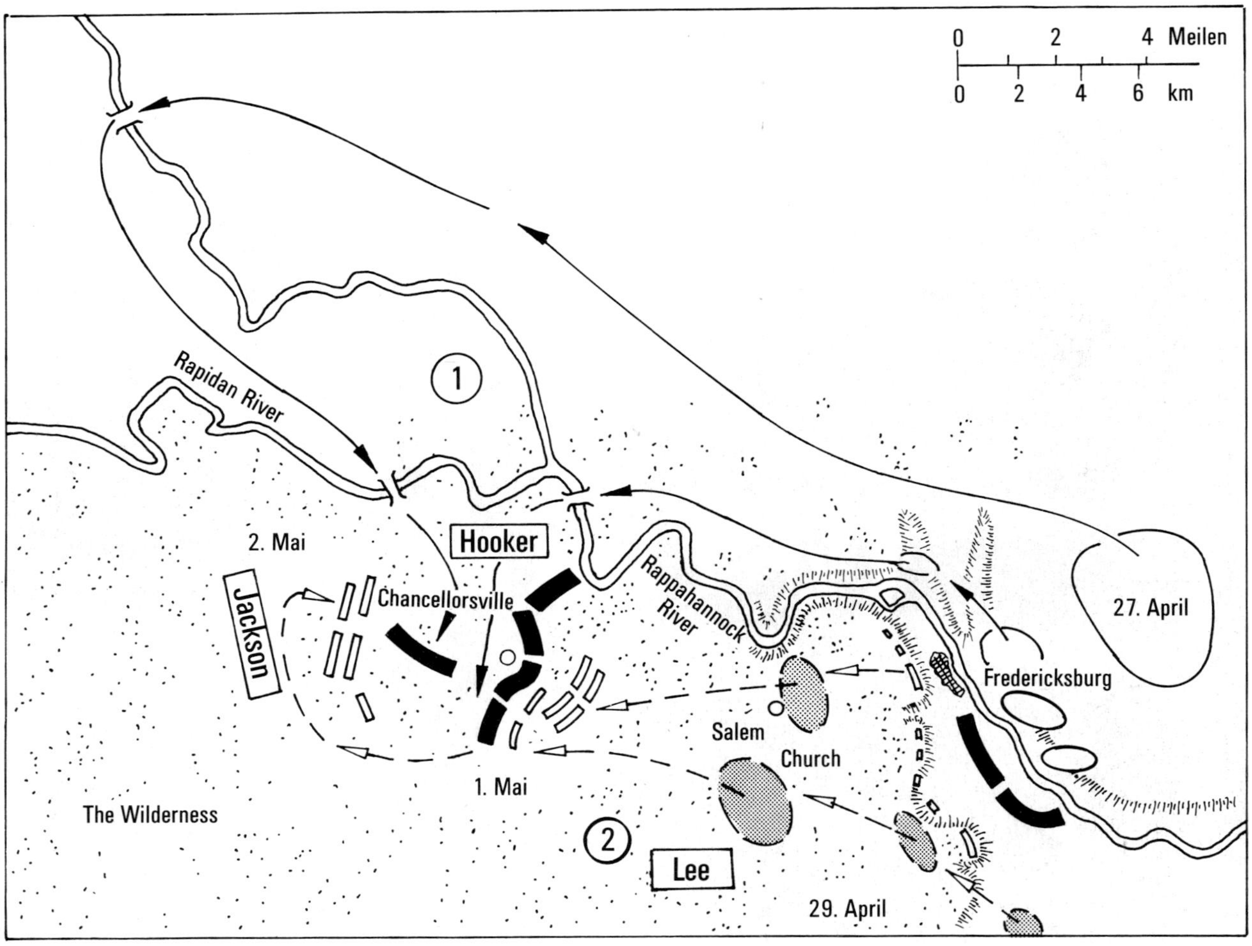

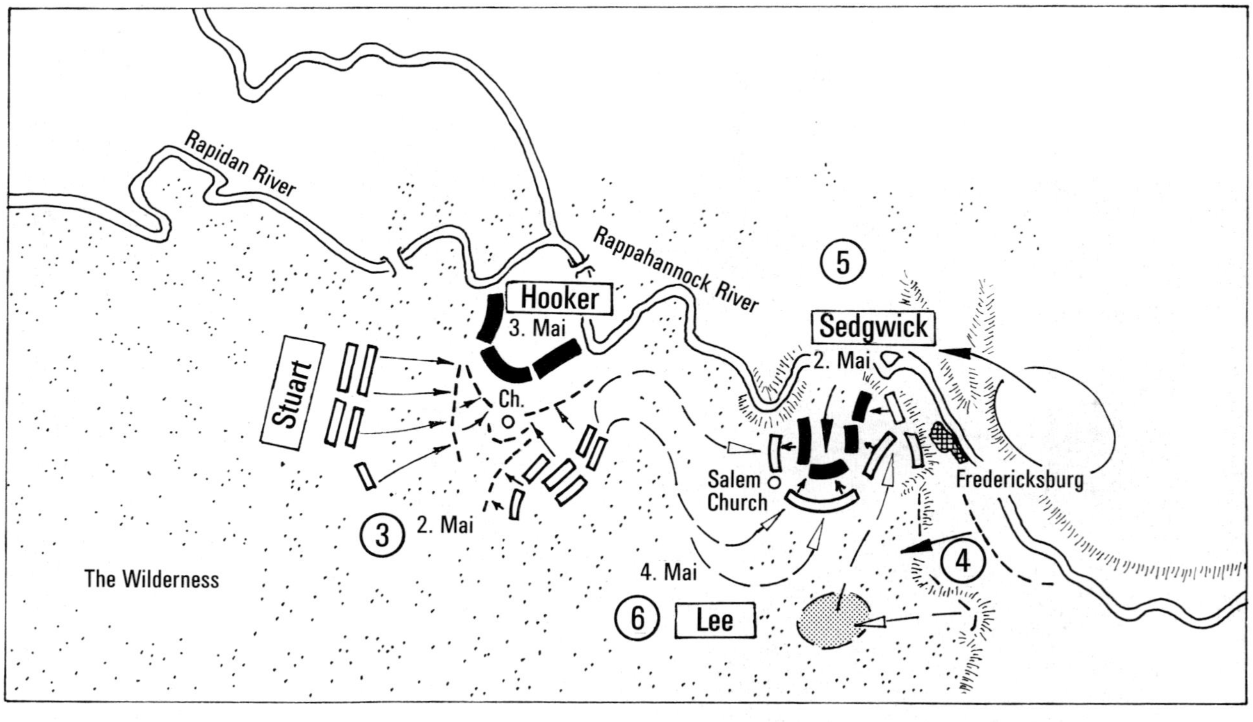

Auf den Höhen von Fredericksburg: Sedgwicks Soldaten haben endlich die Konföderierten aus den gefürchteten Stellungen vertrieben, aber den Ausgang der Schlacht von Chancellorsville beeinflußt dieser Erfolg nicht mehr. Russell war mit seiner Kamera zur Stelle, um den berühmten Hohlweg und die davorliegende Mauer festzuhalten. Der Eisenbahngeneral Haupt betrachtet gerade die Überreste einer von einer Granate getroffenen Munitionsstaffel. (Library of Congress und Kean Archives, Philadelphia, Pa.)

Der Süden stürmt an: Angriff der Louisiana Tigers auf Cemetery Hill bei Gettysburg, Abend des 2. Juli 1863. Zeichnung von Alfred Waud. (Library of Congress)

ners, nur durch das Dickicht geschützt, an der ganzen Front der Unionstruppen vorbei in deren offene Flanke führte. Der 2. Mai wurde zu einer ungeheuren Nervenprobe. Hooker, dem Jacksons Marschbewegung nicht unbekannt blieb, hielt sie für den Beginn des erwarteten Rückzugs der Nordvirginia-Armee und verharrte in Passivität. Lee horchte verzweifelt nach Jacksons Kanonendonner aus dem Westen, der bis zum Abend auf sich warten ließ. Dann hatte „Stonewall" seine Angriffswellen im Gebüsch formiert und ließ sie mit verheerendem Erfolg auf den ahnungslosen, vor allem aus deutschen Truppen gebildeten rechten Flügel des Gegners losbrechen.

In der Dunkelheit ritt Jackson mit seinem Stab noch einmal in das Dickicht, um das Gelände für die Fortsetzung des Angriffs zu erkunden. Konföderierte Infanterie hielt die Reitergruppe für Feinde und eröffnete das Feuer. Drei der Geschosse trafen den General und verwundeten ihn lebensgefährlich. Stuart übernahm das Kommando über seine Truppen.

Die plötzliche Niederlage seines rechten Flügels warf Hooker völlig aus dem Gleichgewicht. Obwohl er nach wie vor über eine drückende Übermacht verfügte und die Flügel des Feindes sich noch nicht vereinigt hatten, dachte er nur mehr an Rettung seiner Armee und überließ die Initiative vollkommen seinem Gegner. Selten wurde eine Schlacht so ausschließlich von der geistigen Überlegenheit eines Feldherrn über seinen Gegenspieler entschieden wie die bei Chancellorsville.

Den ganzen 3. Mai über stürmten die Konföderierten unentwegt durch die brennenden Wälder gegen Hookers Verteidigungslinien an und waren im Begriff, die Hauptmacht der Potomac-Armee in den Rappahannock zu drängen, als die Nachricht eintraf, daß Sedgwick endlich die schwach besetzten Höhen bei Fredericksburg überrannt hatte und nun Lees siegreiche Truppen im Rücken bedrohte. Der konföderierte Kommandeur ließ einen Teil seiner Armee zur Überwachung Hookers zurück, warf sich am 4. Mai mit dem Rest auf den neuen Gegner und schlug ihn bei Salem Church. Die Nordstaatler waren nun überall im Rückzug, und Lee hatte einen Sieg errungen, der sich gut vergleichen läßt mit taktischen Meisterlei-

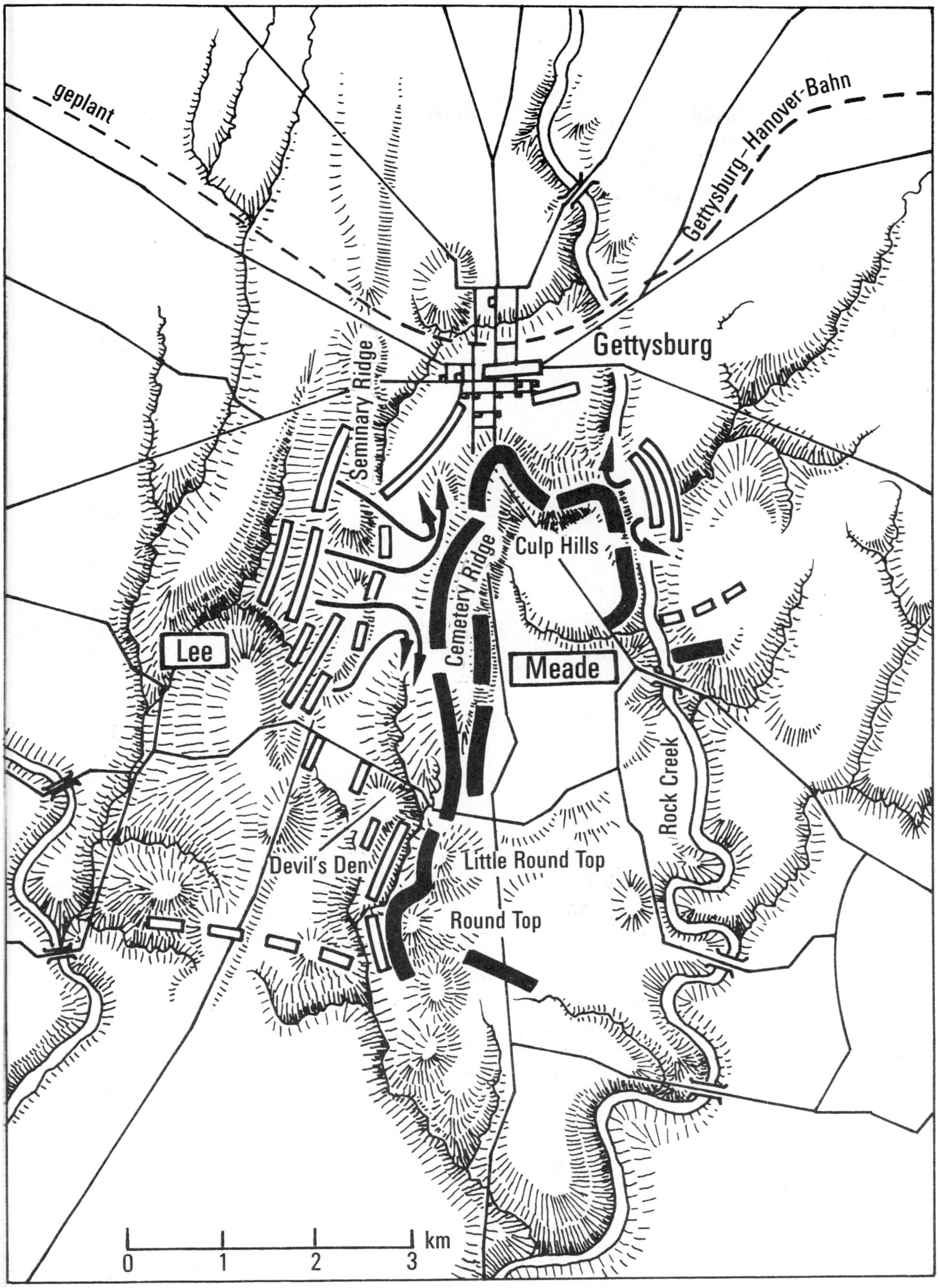

Die Schlacht bei Gettysburg in Pennsylvania, 1. – 3. Juli 1863. Dargestellt ist die Situation am dritten Kampftag („Pickett's Charge").

stungen wie Cannae, Leuthen oder Austerlitz.

Aber der Sieg war teuer erkauft. Nicht nur hatte die Armee von Nordvirginia fast 13 000 Mann verloren – der Gegner über 17 000 –, am 10. Mai erlag „Stonewall" Jackson seinen Wunden. Die Zusammenarbeit mit seinem großen Unterführer hatte die Verwirklichung der kühnen Pläne Lees ermöglicht, niemand war da, seine Stelle einzunehmen. Was der Verlust Jacksons für die Armee von Nordvirginia und den ganzen Süden bedeutete, sollte bereits der nächste Feldzug in aller Deutlichkeit zeigen.

Chancellorsville brachte Lee die strategische Bewegungsfreiheit zurück. Wie sollte er sie nützen? Im Westen verschlechterte sich die Situation zusehends. Grant war es Anfang Mai gelungen, Vicksburg südlich zu umgehen und vom Hinterland abzuschneiden; eine lange Belagerung begann. Lee konnte jetzt Teile seiner siegreichen Armee nach Westen schicken, um dort die Lage endlich zu stabilisieren, oder er konnte versuchen, wie im September 1862, die Offensive im Osten zu ergreifen und eine positive Entscheidung auf dem Boden des Nordens zu erzwingen.

Eine weitere Niederlage, die wahrscheinlich den Fall der einen oder anderen bedeutenden Stadt nach sich gezogen hätte, wäre von der Bevölkerung der Nordstaaten wohl nur schwer ertragen worden und hätte eine europäische Intervention wieder in greifbare Nähe gebracht. Lee entschloß sich für diese Alternative, und Anfang Juni setzte sich die auf fast 80 000 Mann verstärkte Armee von Nordvirginia in nordwestlicher Richtung in Marsch und stieß bis nach Pennsylvania vor.

Hooker folgte dieser bogenförmigen Bewegung auf einem kürzeren Radius, um Washington zu schützen. So kam es, daß Ende Juni die konföderierten Truppen nördlich der Potomac-Armee standen. Die große Schlacht fand an einem Ort statt, wo beide Seiten sie nicht geplant hatten, bei Gettysburg, einem Landstädtchen in Südpennsylvania, knapp 100 km nördlich von Washington.

Konföderierte Infanterie, die Schuhe requirieren wollte, stieß am Morgen des 1. Juli 1863 westlich von Gettysburg auf feindliche Kavallerie. In das daraus entstehende Gefecht warfen beide Seiten mehr und mehr der in der Nähe stehenden Truppen. Die Südstaatler konzentrierten ihre Einheiten schneller und gewannen das Begegnungsgefecht dieses Tages, erlaubten es aber dem Gegner, sich auf dem Friedhofshügel südlich der Stadt, einer sehr guten Verteidigungsstellung, festzusetzen.

Lee wollte am nächsten Tag den Angriff unverzüglich fortführen, aber seine Korpskommandeure zögerten bis weit in den Nachmittag hinein. Zu diesem Zeitpunkt hatte die Unionsarmee, die seit einigen Tagen wieder einen neuen Befehlshaber, George Gordon Meade, besaß, die Masse ihrer Truppen auf dem Friedhofshügel und den sich nach Süden anschließenden Höhen zusammengezogen, und das Kräfteverhältnis war zuungunsten der Konföderierten umgeschlagen. Trotzdem gelang es ihnen, als die Angriffe endlich in Gang kamen, beide Flanken der Potomac-Armee einzudrücken und fast zu durchbrechen.

Für den 3. Juli beschloß Lee die Entscheidung im Zentrum zu suchen, wo er 159 Geschütze konzentrierte und drei Divisionen zum Frontalangriff antreten ließ. Am frühen Nachmittag dieses glühend heißen Tages kam der dramatische Höhepunkt des Krieges. Nach einer ohrenbetäubenden Kanonade marschierten 15 000 Konföderierte mit wehenden Fahnen wie auf dem Paradeplatz über das freie Feld auf die Hügelstellung des Gegners los. Sie gerieten in ein verheerendes Kreuzfeuer, zwei Divisionen blieben liegen, aber die Soldaten der dritten, Picketts Virginier, stürmten ohne Rücksicht auf Verluste weiter, und eine Handvoll von ihnen brach tatsächlich durch.

Aber dann kamen Gegenangriffe frischer Unionseinheiten, und die 5000 Mann, die von den drei Divisionen noch übrig waren, mußten zurück. Die größte Schlacht des Bürgerkrieges war vorüber.

Ein Gegenangriff kam nicht, und unbelästigt vom Gegner trat Lee am folgenden Tag den Rückzug an. Von den 75 000 Konföderierten, die an der Schlacht teilgenommen hatten, waren 28 000 tot, verwundet oder vermißt, der Gegner hatte über 23 000 verloren. Gettysburg war ein reiner Abwehrsieg des Nordens, eine positive Entscheidung

Der dramatische Höhepunkt des Krieges: „Pickett's Charge" bei Gettysburg am 3. Juli 1863. Auf Charles Reeds Zeichnung formieren sich die konföderierten Divisionen zum Angriff über 1000 Meter freies Feld hinweg auf den Cemetery Ridge. Alfred Waud zeigt den Augenblick unmittelbar vor dem vergeblichen Durchbruch der Virginier. „1000 Meter breit marschieren die stumpfen grauen Massen auf", erinnert sich ein Unionssoldat, „Mann an Mann, Glied auf Glied, Linie hinter Linie. Die roten Fahnen wehen, Berittene galoppieren auf und ab, die Waffen von 15 000 Mann, Lauf und Bajonett, glitzern in der Sonne, ein schräger Wald von blitzendem Stahl. Gerade vorwärts marschieren sie, als hätten sie eine gemeinsame Seele, in vollkommener Ordnung, ohne störenden Graben, Mauer, Fluß, über Bodenwellen und Hänge, durch Obstgärten und Wiesen und Maisfelder, großartig, grimmig, unwiderstehlich." (beide Library of Congress)

wurde nicht herbeigeführt, und der Krieg sollte in der Tat noch fast zwei Jahre fortdauern, blutiger und zerstörerischer noch als die ersten beiden Jahre. Aber bei Gettysburg war der letzte und größte Versuch des Südens gescheitert, den Sieg mit eigener Kraft zu erzwingen. Von nun an konnte er nur mehr einen Abnutzungskrieg führen und hoffen, daß der Kampfwille des Nordens sich erschöpfte. Zusammen mit dem Fall von Vicksburg, der einen Tag nach Lees großem Angriff, am 4. Juli, dem Nationalfeiertag, erfolgte, stellte Gettysburg so die große und letztlich entscheidende Wende des Krieges dar. Der lange Todeskampf des Südens hatte begonnen und im Norden das Ringen um eine neue Gestalt der Nation, die aus diesem Krieg erstehen sollte.

„Die Ernte des Todes": O'Sullivan photographierte das Schlachtfeld von Gettysburg am 5. Juli. Die Aufnahmen sind nicht weniger erschütternd als die, die sein Kollege Gardner 10 Monate zuvor bei Antietam gemacht hat.

Gefallene Unionssoldaten auf dem Schlachtfeld des ersten Tages. (National Archives)

Von einem Kanonenschuß zerfetzter Konföderierter auf einem der Kampffelder des zweiten Tages. (U.S. Military History Institute, Carlisle Barracks, Pa.)

Zu Seite 203 oben: Lincolns berühmteste Rede, die „Gettysburg Address". Am 19. November 1863 hielt der Präsident bei der Einweihung des Soldatenfriedhofes von Gettysburg eine kurze Ansprache, in der er in seiner knappen, meisterhaften Prosa zusammenfaßte, wofür die Union nach seiner Überzeugung kämpfte:
„Vor 87 Jahren brachten unsere Väter auf diesem Kontinent eine neue Nation hervor, entworfen in Freiheit und geweiht der Annahme, alle Menschen seien gleich geschaffen. Nun stehen wir in einem großen Bürgerkrieg, um herauszufinden, ob diese Nation oder irgendeine Nation, so entworfen und so geweiht, lange überleben kann. Wir haben uns hier auf einem großen Schlachtfeld dieses Krieges getroffen, um einen Teil von ihm zu weihen als letzte Ruhestatt für die, die hier ihr Leben gegeben haben, auf daß diese Nation leben möge. Es ist ganz richtig und angemes-

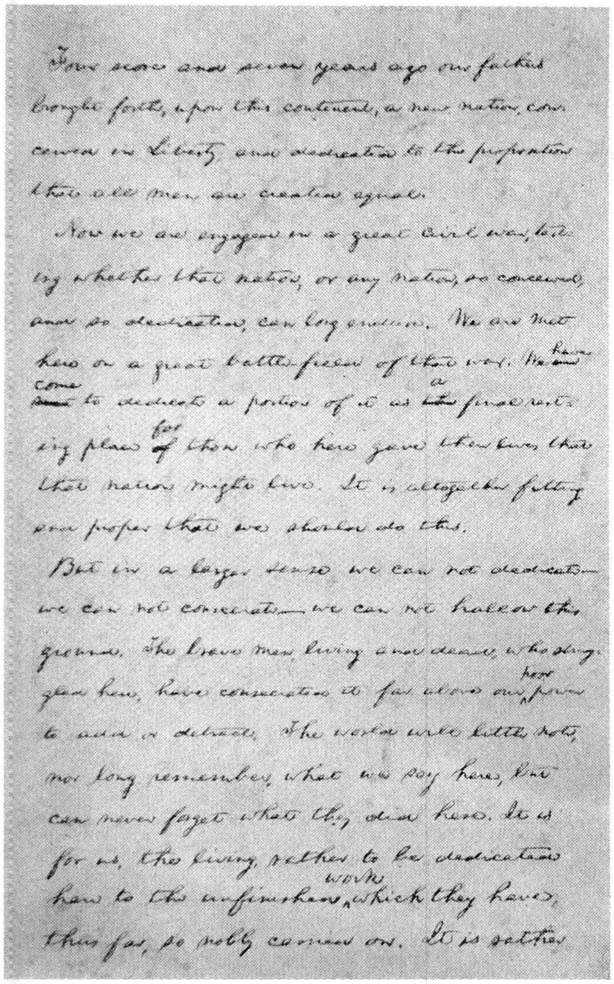
Four score and seven years ago our fathers brought forth, upon this continent, a new nation, conceived in Liberty, and dedicated to the proposition that all men are created equal.

Now we are engaged in a great civil war, testing whether that nation, or any nation, so conceived, and so dedicated, can long endure. We are met here on a great battle-field of that war. We have come to dedicate a portion of it as a final resting place for those who here gave their lives, that that nation might live. It is altogether fitting and proper that we should do this.

But in a larger sense we can not dedicate — we can not consecrate — we can not hallow this ground. The brave men, living and dead, who struggled here, have consecrated it far above our poor power to add or detract. The world will little note, nor long remember, what we say here; but can never forget what they did here. It is for us, the living, rather to be dedicated here to the unfinished work which they have, thus far, so nobly carried on. It is rather

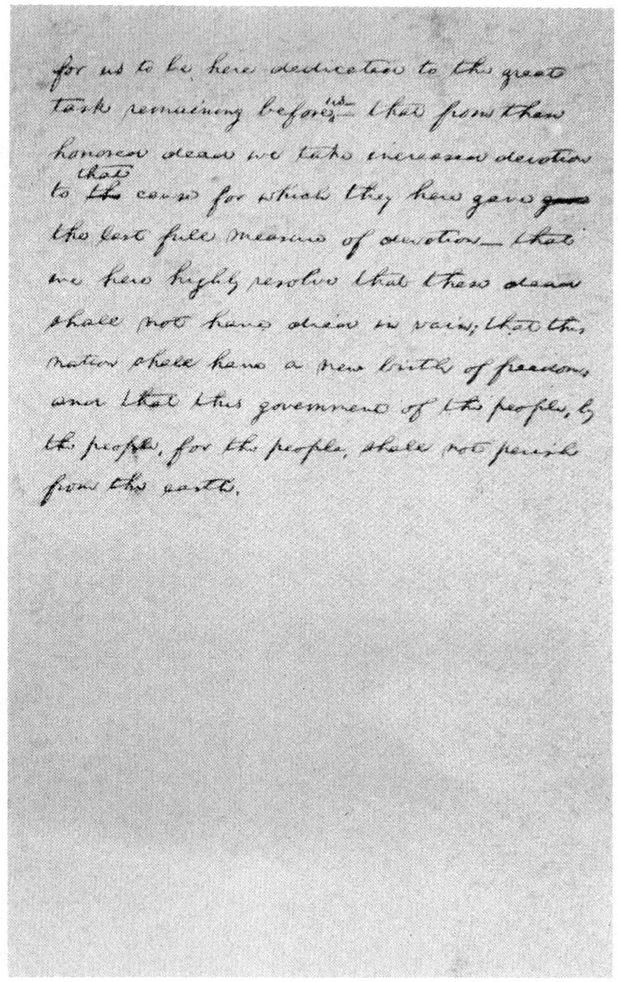
for us to be here dedicated to the great task remaining before us — that from these honored dead we take increased devotion to that cause for which they here gave the last full measure of devotion — that we here highly resolve that these dead shall not have died in vain; that this nation shall have a new birth of freedom, and that this government of the people, by the people, for the people, shall not perish from the earth.

sen, daß wir das tun. Aber in einem weiteren Sinne können wir diesen Boden nicht widmen, können wir ihn nicht weihen, können wir ihn nicht heiligen. Die tapferen Männer, die lebenden und die toten, die hier gekämpft haben, sie haben ihn geweiht, in weit höherem Maße, als es in unserer bescheidenen Kraft steht, etwas hinzuzufügen oder etwas wegzunehmen. Die Welt wird kaum zur Kenntnis nehmen und nicht lange in Erinnerung behalten, was wir hier sagen, aber sie kann niemals vergessen, was sie hier taten. Es ist vielmehr an uns, den Lebenden, hier dem unvollendeten Werk geweiht zu werden, das sie so weit und so edelmütig vorangetrieben haben. An uns ist es, der großen Aufgabe gerecht zu werden, die noch vor uns steht – daß wir von diesen geehrten Toten größere Hingabe erhalten für die Sache, der sie das letzte volle Maß an Hingabe dargebracht haben –, daß wir uns hier fest entschließen, daß diese Toten nicht umsonst gestorben sein sollen; daß diese Nation eine neue Geburt der Freiheit erleben solle und daß die Regierung des Volkes, durch das Volk, für das Volk, nicht von der Erde verschwinden soll."
(Library of Congress)

Der Festzug nähert sich durch die Straßen von Gettysburg dem Friedhofshügel. (National Archives)

BIS ZUM BITTEREN ENDE

Wenn Gettysburg im Osten eine negative Entscheidung bedeutete, durch die ein Sieg der Konföderierten verhindert wurde, dann leitete Vicksburg im Westen endgültig die positive Entscheidung zugunsten der Union ein, die Niederwerfung und Besetzung der Rebellenstaaten.

Im Mai 1863 war Grant unter Aufgabe seiner rückwärtigen Verbindungen mit 44 000 Mann südlich von Vicksburg über den Mississippi gegangen, hatte schwächliche Entsatzversuche Joe Johnstons und einen energischen Ausbruchsversuch Pembertons abgewiesen und, nachdem er sich auf 71 000 Mann verstärkt hatte, die ausgehungerte Besatzung von 30 000 Mann nach einer 40tägigen Belagerung zur Kapitulation gezwungen. Es war der Höhepunkt seiner Feldherrenlaufbahn. Fünf Tage später, am 9. Juli, fiel auch das südlich von Vicksburg gelegene Port Hudson, der ganze Mississippi befand sich in den Händen der Unionsstreitkräfte, die Konföderation war in zwei Teile gespalten.

Auch die Position der Südstaatler in Tennessee bröckelte im Sommer 1863 weiter zusammen. Anfang September marschierten die Unionstruppen in dem wichtigen Eisenbahnknotenpunkt Chattanooga ein. Da nach Gettysburg Ruhe im Osten eingekehrt war, hatte sich die konföderierte Führung jedoch mittlerweile entschlossen, Teile von Lees Armee mit der Eisenbahn in den Westen zu verlegen, um die sich dort anbahnende Katastrophe aufzuhalten. Das Ergebnis war Braxton Braggs großer Sieg bei Chickamauga in Nordwestgeorgia am 19. und 20. September 1863 über die leicht unterlegene Unionsarmee unter Rosecrans.

Aber wie bei Murfreesboro neun Monate zuvor vermochte Bragg seinen Erfolg nicht richtig auszunutzen. Statt die geschlagene Hauptmacht energisch zu verfolgen, versteifte er sich auf ebenso verlustreiche wie vergebliche Angriffe auf die von George H. Thomas geführte Nachhut. Über 18 000 Mann kostete Chickamauga, die blutigste Schlacht im Westen, die Konföderierten, über 16 000 die Nordstaatler.

Nach Chickamauga schloß Bragg seinen Gegner in Chattanooga ein, und die Lage begann für die Union kritisch zu werden. Lincoln betraute seinen erfolgreichsten General, Grant, mit dem Kommando über die abgeschnittene Armee. Da die Konföderierten ihre Stellungen auf den umliegenden Bergen weit überdehnt hatten, konnte Grant Verpflegung und Verstärkungen heranbringen und schließlich in den Gefechten um Chattanooga vom 23. bis 25. November 1863 den Ring sprengen. Bragg erlitt eine vollständige Niederlage und wurde durch Joe Johnston ersetzt, während der Sieger zum Oberkommandeur aller Unionsstreitkräfte ernannt wurde.

Grant plante nun für das Frühjahr 1864 eine koordinierte Offensive im Osten und im Westen, die den angeschlagenen Gegner rasch in die Knie zwingen sollte. Er selbst begab sich auf den östlichen Kriegsschauplatz, um die Operation gegen Lee persönlich zu leiten. Im Westen übernahm Grants bewährter Unterführer William T. Sherman das Kommando.

Anfang Mai setzten sich die Unionsarmeen in Bewegung. Grant stieß auf dem Gelände der Schlacht von Chancellorsville auf die Armee von Nordvirginia. Am 5. und

Auf verlorenem Posten: zerschossene konföderierte Stellungen in Port Hudson am Mississippi, Juli 1863. Die 7000 Mann, die in Port Hudson, und die 30 000, die in Vicksburg nach vielwöchiger Belagerung die Waffen streckten, waren schon lange im Stich gelassen. Der Konföderation fehlten die Leute, um einen ernsthaften Entsatzversuch zu unternehmen.

Die „Stars and Stripes" über Vicksburg: Am 4. Juli 1863, dem Nationalfeiertag, marschierten Grants Truppen triumphierend in der lange umkämpften Stadt ein. Unterhalb der großen Flagge schwenkt ein Soldat die zerfetzte Fahne der 45. Illinois-Infanterie vom Turm des Rathauses. (New York Historical Society)

Versuch einer Wende: Der Sieg bei Chickamauga gab den Konföderierten eine letzte Chance, den drohenden Zusammenbruch im Westen aufzuhalten. Alfred Wauds Zeichnung zeigt die Südstaatler im Angriff auf die Nachhut unter Thomas. (Library of Congress)

Der Versuch ist gescheitert: Als Grant im November 1863 den Ring der Konföderierten um Chattanooga sprengte, war die Krise im Westen bereinigt.

Eine Yankee-Kapelle schmettert ihre Weisen von der Höhe des am 24. November 1863 in der „Schlacht über den Wolken" erstürmten „Lookout Mountain" bei Chattanooga in das Tal. Man beachte die Konstruktion der im Bürgerkrieg verwendeten Blasinstrumente mit rückwärts gerichtetem Schalltrichter, die bewirken sollte, daß die hinter der Band marschierende Truppe die Musik besser hörte. (State Historical Society of Wisconsin, Madison)

Grant und einige seiner Offiziere auf „Lookout Mountain". Der siegreiche General steht links, seinen unvermeidlichen Zigarrenstummel im Mund.
(National Archives)

42 Geschütze fielen den Unionstruppen bei Chattanooga in die Hände.
(U.S. Military History Institute, Carlisle Barracks, Pa.)

Die alten Schlachtfelder warten: Von der Wilderness bis Cold Harbor führte der titanische Feldzug über die Stätten der Kämpfe von 1862 und 1863. Viele der Gefallenen von damals warteten noch immer auf ihr Heldenbegräbnis und empfingen die Neuankömmlinge mit ihrem beklemmenden Anblick.
(U.S. Military History Institute, Carlisle Barracks, Pa.)

Das große Duell: Grant war der sechste General, der innerhalb von weniger als zwei Jahren Lee gegenübertrat. Würde der Sieger von Fort Donelson, Shiloh, Vicksburg und Chattanooga an der Spitze der größten Armee der Union endlich imstande sein, den Krieg mit einem großen Schlag zu beenden, oder würde er, wie seine Vorgänger, in Lee und der legendären Armee von Nordvirginia seinen Meister finden? Die blutigsten Wochen des Krieges begannen.

Lee auf seinem Pferd „Traveller". Die Aufnahme entstand während des letzten Kriegsjahres in Petersburg. (Dementi Studio, Richmond, Va.)

6. Mai tobten erbitterte Waldkämpfe in der „Wilderness", an deren Ende Grants 122 000 Mann von Lees 66 000 zurückgeworfen waren. Aber Grant akzeptierte die faktische Niederlage nicht. Statt sich zurückzuziehen, wie es alle seine Vorgänger getan hatten, ging er im Bewußtsein seiner drückenden Übermacht um Lees rechte Flanke herum. Sein Gegner kam ihm jedoch zuvor und verlegte ihm bei Spotsylvania Court House den Weg. Entlang der ganzen Front errichteten die Konföderierten in großer Geschwindigkeit Feldbefestigungen; Spotsylvania war die erste der großen Schützengrabenschlachten. Trotz momentanen Einbrüchen gelang es Grant in den anderthalb Wochen dauernden Kämpfen nicht, die Nordvirginia-Armee aus ihren Stellungen zu vertreiben. Er griff wieder zum gleichen Mittel und drückte auf diese Weise seinen Gegner bis Ende des Monats bis in die Gegend der alten Sieben-Tage-Schlachtfelder bei Richmond zurück.

Grant wußte, daß die Konföderierten ihre Verluste, auch wenn sie viel geringer waren als die seinen, kaum mehr ersetzen konnten. „Und wenn es den ganzen Sommer dauerte", wollte er fortfahren, die feindliche Hauptarmee ohne Atempause anzugreifen. Am 13. Juni hielt er die Südstaatler für geschwächt genug, um sie mit einem Frontalstoß über den Haufen zu werfen. Es war ein blutiger Fehler. Zu Tausenden wurden die Nordstaatler innerhalb weniger Minuten niedergemäht, ohne die feindlichen Gräben bei Cold Harbor auch nur zu erreichen. In weniger als einem Monat hatte Grants brutale Taktik die Potomac-Armee über 50 000 Mann gekostet, während Lee etwa 30 000 eingebüßt haben dürfte. Das Ergebnis schien in keinem Verhältnis zu diesen enormen Verlusten zu stehen, und die Kriegsmüdigkeit im Norden bekam kräftigen Auftrieb. Sollte es so weitergehen, hatte Lincoln wenig Chancen, die Wahlen im Herbst zu gewinnen, und die Aussichten des Südens wuchsen, doch noch den Siegeswillen der Union zu erschöpfen.

Die Entschlossenheit Grants, den man mittlerweile den „Schlächter" zu nennen pflegte, war freilich ungebrochen. Mitte Juni ließ er seine Armee den James River auf

Grant neben seinem Pferd „Cincinnati" im Juni 1864. (National Archives)

einer gewaltigen Pontonbrücke überschreiten und auf Petersburg, südlich von Richmond, vorstoßen. Zum ersten Mal war es ihm gelungen, Lee zu überraschen, aber die Gelegenheit wurde vertan, und die Konföderierten zogen nach. Wieder begann ein sinnloses Anstürmen gegen Schützengräben und Verhaue. Ein Versuch, mit einer Mine eine Lücke in die feindlichen Linien zu sprengen und dann durchzubrechen, scheiterte gleichfalls. Grant erkannte nun die taktische Überlegenheit des Verteidigers an und ließ seine Armee sich gleichfalls an der ganzen Front eingraben. Die Folge war ein fast zehnmonatiger Stellungskrieg bei Petersburg. Grant hatte seinen großen Gegner nicht zu besiegen vermocht, aber er hielt ihn fest und zwang ihn, sich in einem starren Abnutzungskampf zu verbrauchen. Die Entscheidung mußte indes vom Westen kommen.

Dort standen die Dinge aber einstweilen nicht viel besser. Mit 100 000 Mann war Sherman am 7. Mai gegen Joe Johnstons 60 000 bei Dalton vorgegangen. Indem er seine Übermacht dazu benutzte, Johnston mit einem Teil der Armee in der Front zu beschäftigen und ihm einen anderen in die Flanke zu schicken, war es ihm gelungen, ihn aus seiner starken Stellung zu manövrieren. Das Spiel wiederholte sich im Laufe des Mai und Juni mehrfach, und Johnston wich von einer Position auf die andere zurück, immer näher an Atlanta. Wiederholt versuchte Sherman Frontalangriffe, mußte aber bei Resaca, New Hope Church, Kennesan Mountain die gleiche Erfahrung machen wie Grant, daß auch mit Übermacht der geschickten und energischen Verteidigung eines in Schützengräben stehenden Gegners nicht beizukommen war.

Aber auch im Süden war man unzufrieden mit den ständigen Rückzügen Joe Johnstons. Als er Mitte Juli auf Atlanta zurückging, wurde der General, der schon seit langem in einem äußerst gespannten Verhältnis zu Präsident Davis stand, durch den als aggressiv geltenden John Bell Hood abgelöst. Hood machte seinem Ruf alle Ehre und griff seinen Gegner in den Schlachten von Peach Tree Creek, Atlanta und Ezra Church vom 20. bis 28. Juli wütend an. Ein

Kampf im Dickicht: Der erste Zusammenstoß im Unterholz der Wilderness kostete Grant über 18 000 Mann und Lee über 10 000. Immer wieder brachen Waldbrände aus, in denen Hunderte von Verwundeten verbrannten, obwohl die Soldaten beider Seiten sofort den Kampf einstellten, um gemeinsam die Hilflosen zu retten. Zeichnung von Alfred Waud. (Library of Congress)

„Und wenn es den ganzen Sommer dauert": Grant ignorierte die Niederlage in der Wilderness und marschierte weiter nach Spotsylvania, wo Lee ihn erneut erwartete. Die Zeichnung von Edwin Forbes zeigt Grant beim Aufbruch aus der Wilderness am 7. Mai 1864. (Library of Congress)

Die erste große Grabenschlacht: In den Wäldern von Spotsylvania lagen sich die Armeen in mehr als 10 Kilometer langen Grabenlinien gegenüber. Der Einbruch der Nordstaatler in die „Bloody Angle" am 12. Mai wurde abgeriegelt, und stundenlang kämpfte man hier in Schlamm und Regen, nur wenige Meter voneinander getrennt. Im Nahkampf um eineinhalb Quadratkilometer verloren beide Seiten an diesem Tag 12 000 Mann. Zeichnung von Alfred Waud. (Library of Congress)

Ein Rebell, der nicht aufgeben wollte: Alexander Gardner fand im Mai 1864 diesen gefallenen Konföderierten in den Wäldern von Spotsylvania. Eine Schußwunde im Bein hatte er sich selbst abgebunden, dann hatte ein zweites 14,5 mm-Minié-Geschoß seine Schulter durchschlagen, und an dieser Wunde war er verblutet, bis zuletzt sein britisches Enfield-Gewehr ladend und abfeuernd. (Library of Congress)

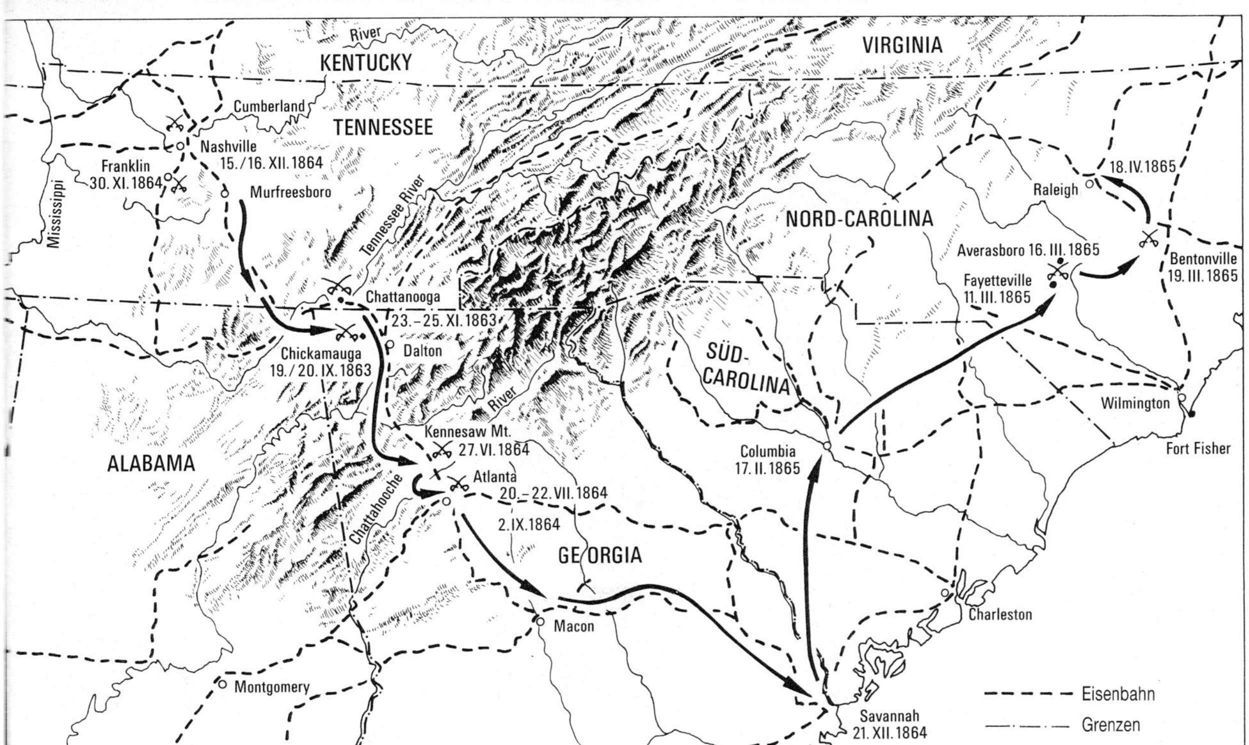

Shermans Georgiafeldzug 1864 und 1865. Nur die Operationen Shermans sind dargestellt.

Die Planer: Grant und einige seiner Offiziere vor der Kirche von Massaponax am 21. Mai 1864. Kirchenbänke sind ins Freie getragen worden, um Sitzgelegenheiten zu schaffen. Grant selbst sitzt, Zigarre im Mund, genau zwischen den beiden Bäumen. (U.S. Military History Institute, Carlisle Barracks, Pa.)

Die Ausführenden: Kompanie I der 57. Massachusetts-Infanterie ging am 6. Mai mit 86 Mann in den Feldzug, an seinem Ende waren diese neun Mann, geführt von einem Sergeant, übrig. Der Rest lag in Massengräbern und Lazaretten. Auf den Schlachtfeldern und hinter den Linien entstanden große Soldatenfriedhöfe. (U.S. Military History Institute, Carlisle Barracks, Pa.)

Prophet des modernen Krieges: William Tecumseh Sherman aus Ohio (1820–1891), in West Point 6. in einer Klasse von 42, übernahm das Kommando im Westen, als Grant Oberbefehlshaber wurde. Sein Georgia-Feldzug brach den Widerstand des Südens. (National Archives)

Die Gegenspieler Shermans: Zuerst hatte er es mit Joseph E. Johnston aus Virginia (1807–1891), 13. von 46 in West Point, zu tun, einem altbewährten General, der mit seiner geschickten Kombination aus taktischer Defensive und rechtzeitigen Rückzügen Sherman keine Blöße bot, aber laufend Gelände verlor. Seinen Nachfolger John Bell Hood aus Texas (1831–1879), 44. von 52 in West Point, hinderten die schweren Wunden, die er 1863 erlitten hatte – bei Gettysburg war ihm ein Arm zerschmettert worden, bei Chickamauga hatte er 11 Wochen später sein rechtes Bein verloren –, nicht daran, den von Regierung und öffentlicher Meinung geforderten Angriffsgeist zu zeigen. Die damit verbundenen Verluste konnte der Süden sich nicht mehr leisten. (Valentine Museum, Richmond, Va.)

Das Duell zwischen Lee und Grant 1864 und 1865.

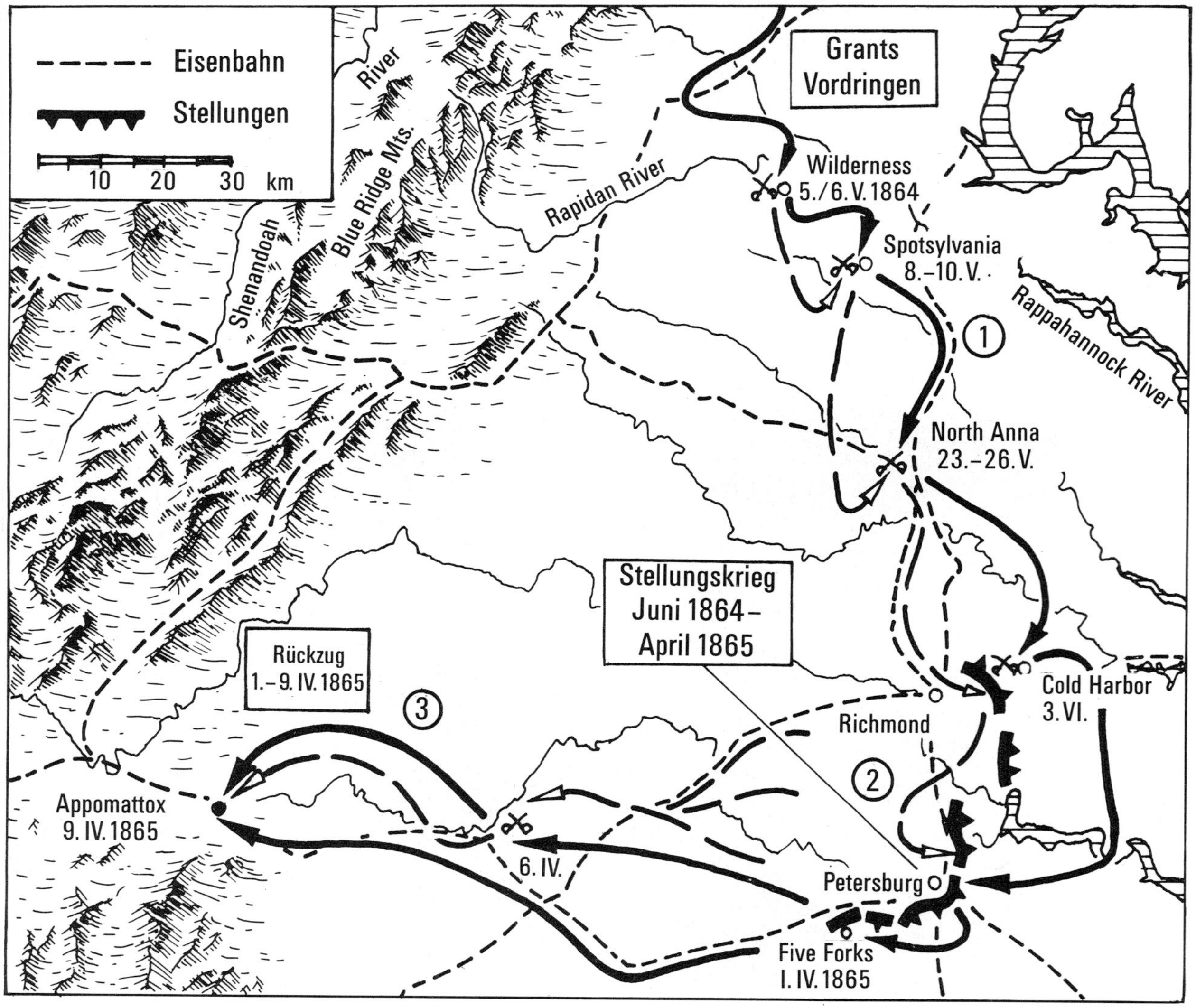

Grabenkämpfe auch im Westen: Das eine Photo von G.N. Barnard zeigt einen konföderierten Schützengraben bei New Hope Church in Georgia, wo Johnston am 25. und 27. Juni 1864 mehrere Angriffe Shermans blutig zurückschlug. Die Brustwehren entstanden in großer Geschwindigkeit, indem man gefällte Bäume übereinanderlegte und mit Erde überdeckte. Auf der feindzugewandten Seite häufte man Gestrüpp als Annäherungshindernis an. Das andere läßt ausgefeiltere konföderierte Verteidigungsanlagen bei Atlanta erkennen. Den mit Holzverschalungen und Sandsäken verstärkten Gräben sind mehrere Linien spanischer Reiter vorgelagert, auf dem Gelände davor sind die Bäume umgehauen, um freies Schußfeld zu schaffen.
(U.S. Military History Institute, Carlisle Barracks, Pa.; National Archives)

durchschlagender Erfolg blieb ihm versagt, und die Verluste dieser Taktik – über 15 000 Mann in den Schlachten um Atlanta gegenüber 8000 auf Unionsseite – konnte sich der Süden nicht mehr leisten. Am Ende der Kämpfe war Hood in Atlanta auf drei Seiten eingeschlossen. Er hielt noch vier Wochen aus, dann räumte er am 1. September die Stadt, einen der wichtigsten Eisenbahnknotenpunkte im ganzen Süden.

Der Fall von Atlanta war von entscheidender psychologischer Bedeutung für den Norden. Endlich konnte die Regierung einen greifbaren Erfolg vorweisen. Am 5. August hatte die Marine unter Farragut einen spektakulären Sieg in Mobile Bay errungen, und im September schlossen sich Erfolge Sheridans im Shenandoah-Tal an. Lee hatte, um seine operative Bewegungsfreiheit wiederzugewinnen, Ende Juni Early mit 15 000 Mann in das Tal geschickt. Er hoffte, die Bedrohung Washingtons würde die Lincoln-Regierung veranlassen, die Hauptarmee zu schwächen, wie es 1862 geschehen war. Early stieß zwar am 11. Juli bis in die Vororte der Hauptstadt vor, aber Grant blieb eisern vor Petersburg stehen. Er schickte jedoch seinen Kavalleriegeneral Philip Sheridan los, um der Drohung ein Ende zu machen. Dieser zog fast 50 000 Mann zusammen und vertrieb Early in einer Reihe erbitterter kleiner Schlachten im Laufe des September und Oktober aus dem Shenandoah-Tal. Um den Konföderierten weitere Operationen in diesem Raum unmöglich zu machen, ließ er das fruchtbare Tal systematisch verwüsten, so daß „eine Krähe, die darüberflog, ihren Proviant mitführen mußte", wie sich Sheridan mit makabrem Stolz rühmte. Es war der Beginn einer auch die Zivilbevölkerung nicht verschonenden Verwüstungsstrategie, mit der die Unionstruppen in den letzten Monaten des Krieges den Widerstandswillen der Südstaatler zu brechen versuchten.

Die Erfolge Shermans, Farraguts und Sheridans ließen den Norden wieder klar auf der Siegesstraße erscheinen und bewirkten die Wiederwahl Lincolns am 8. November 1864, die noch drei Monate vorher von den meisten Beobachtern und auch vom Präsidenten selber für so gut wie ausgeschlossen gehalten worden war. Lincolns demokratischer Gegenkandidat war der frühere Oberkommandierende George B. McClellan, der den Krieg zwar auch weiterführen wollte, letztlich aber wohl zu einem Kompromißfrieden bereit gewesen wäre. Die Wiederwahl Lincolns war die entscheidende Niederlage der Konföderierten im ganzen Krieg und besiegelte ihr Schicksal.

Man war sich dessen im Süden voll bewußt, und die Kampfmoral von Armee und Bevölkerung begann stetig zu sinken. Der Krieg war im Westen faktisch verloren, im Osten noch unentschieden, aber ohne Aussicht auf eine Wende zum Besseren. Die Blockade war inzwischen fast undurchdringlich geworden, auf Hilfe durch Europa durfte man auch nicht mehr hoffen, denn England war durch die polnischen und dänischen Krisenherde gebunden. Die Währung der Konföderation hatte fast jede Kaufkraft verloren, die junge Industrie war durch die jüngsten Gebietsverluste entscheidend getroffen, in weiten Landstrichen herrschte Hunger. Um die Verluste an der Front wettzumachen, mußten schon halbe Kinder und Greise zu den Fahnen gerufen werden. Der Zusammenbruch war nur mehr eine Frage der Zeit.

Mitte November brach Sherman von Atlanta auf, um dem Süden den Todesstoß zu geben. Er wandte sich nicht etwa gegen Hoods Armee, die nach Norden gezogen war, um die rückwärtigen Verbindungen der Unionstruppen zu bedrohen, sondern ließ seine Soldaten auf breiter Front durch Georgia an die See marschieren. Sie hatten kaum Gegner außer ein paar improvisierten Milizeinheiten vor sich, aber sie konnten die Konföderation nochmals aufspalten und ihren materiellen und moralischen Ressourcen einen schweren Schlag versetzen. Als Shermans 60 000 Mann nach vier Wochen den Atlantik bei Savannah erreichten, hinterließen sie einen 100 km breiten und fast 500 km tiefen Streifen völliger Verwüstung. Es war zu verhältnismäßig wenigen Übergriffen gegenüber Personen gekommen, aber das Ganze stellte doch einen eindeutigen Rückgriff auf die barbarischen Methoden vergangener Jahrhunderte und mehr noch einen Vorgriff auf die totale Kriegführung des 20. Jahrhunderts dar.

Spuren des Kampfes: Das Potter-Haus nach der Schlacht von Atlanta und die Überreste der beim Rückzug gesprengten Munitionszüge Hoods auf der Georgia-Central-Eisenbahn bei Atlanta. (Library of Congress und Kean Archives)

Verbrannte Erde: Custers Kavalleriedivision, Teil der Armee Philip Sheridans im Shenandoah-Tal, bei ihrer Verwüstungsarbeit in der Nähe von Mount Jackson, 7. Oktober 1864. Zeichnung von Alfred Waud. (Library of Congress)

Die Demokratie im Kriege: „Die Rebellion *muß* zerschmettert werden, aber nur auf verfassungsmäßigem Wege" steht neben dem Tor zur Tammany Hall, dem Hauptquartier der regierungsfeindlichen Demokratischen Partei in New York. Eines der irischen Mitglieder dieser Partei kettet Lincoln mit einem Fuß fest an die Verfassung, während dieser mit einem Artillerieladestock den fürchterlichen Drachen Rebellion zu bekämpfen versuchte. Nicht immer hielt sich Lincoln an den Buchstaben des Gesetzes. Die Aufhebung der Habeas-Corpus-Gesetze, die Verhaftung von Friedens-Demokraten und Südstaatensympathisanten (nach einer Giftschlangenart „Kupferköpfe" genannt) und die Pressezensur trugen ihm in antirepublikanischen Kreisen den Ruf eines Tyrannen und Diktators ein – Jefferson Davis im Süden ging es nicht besser. Die Karikatur von D. G. Blythe stammt aus dem Jahr 1862. (Boston Museum of Fine Arts)

„Das Grab der Union": Die antirepublikanische Karikatur von „Zeke" aus dem Jahr 1864 zeigt Lincoln und seine Helfer als Totengräber der „Union", der „Verfassung", der „Habeas-Corpus"-Gesetze (Schutz vor willkürlicher Verhaftung) und „Rede- und Pressefreiheit". Lincoln ist umgeben von dem Publizisten Horace Greeley und dem Abolitionisten Charles Sumner. Finanzminister Salmon Chase und Marineminister Gideon Welles, durch die Lüfte eilt Außenminister Seward als teuflischer Macbeth, während Pastor Henry Ward Beecher, Bruder von Harriet Beecher-Stowe und radikaler Abolitionist, der den gegen die Sklavenhalter gerichteten Gewehren mehr „moralische Kraft als hundert Bibeln" zugebilligt hatte, die Andacht hält: „Nicht Dein Wille geschehe, Herr, sondern meiner!" Der Totenwagen trägt die Aufschrift „Kriegsdemokratie", womit diejenigen Demokraten gemeint sind, die die Republikaner in ihren Kriegsanstrengungen kompromißlos unterstützten. Auf dem Bock sitzt Kriegsminister Stanton, die Pferde tragen die Köpfe demokratischer Generäle, der prominenteste unter ihnen ist Benjamin Butler, dem in den Mund gelegt wird: „Eine Million Dollar aus New Orleans."

Stimmabgabe im Felde. Unionssoldaten nehmen an der Präsidentschaftswahl von 1864 teil, Zeichen einer auch im Krieg funktionierenden Demokratie. Skizze von William Waud. (Library of Congress)

Für den Krieg: Thomas Nast stellte sich mit dieser Karikatur hinter die Kriegsanstrengungen der Regierung. „Kompromiß mit dem Süden" ist dieses während des Wahlkampfes millionenfach verbreitete Blatt betitelt. Über dem Erinnerungsstein für die „in einem sinnlosen Krieg getöteten Unionshelden" reicht ein verkrüppelter Nordstaatler demütig seinem triumphierenden Gegner die Hand. Die Unionsflagge ist auf den Kopf gestellt, die der Konföderation trägt Aufschriften, die an angebliche oder wirkliche Greueltaten der Südstaatler erinnern („Aushungern von Yankeegefangenen", „Bajonettieren der Verwundeten", „Massaker von Lawrence und Fort Pillow"). So sahen Kriegsdemokraten die Folgen einer jeden Politik, die sich etwas anderes als die bedingungslose Niederwerfung der „Rebellen" zum Ziel gesetzt hatte.

Gegen den Krieg: Die Friedensdemokraten griffen im Wahlkampf von 1864 die Regierung Lincoln wegen ihrer verlustreichen und scheinbar ergebnislosen Kriegführung bitter an. „Der oberste Kriegsherr sichert sich die Stimmen der Soldaten auf dem Schlachtfeld" heißt diese anonyme Karikatur. Die Neigung des Präsidenten, bei jeder Gelegenheit kleine Witze zu erzählen, ist gleichfalls Gegenstand der Karikatur, die Lincoln den sich weinend abwendenden General auffordern läßt, ein lustiges Lied zu singen.

„Der Gottesdienst des Nordens": Die Bitterkeit und den Haß in den der Niederlage zutreibenden Südstaaten drückt diese Karikatur von Volck aus. Die weiße Jugend des Nordens wird von Pastor Beecher einem diabolisierten Schwarzen dargebracht, der Opferaltar besteht, aufbauend auf dem „Puritanismus", aus den Steinen „Atheismus", „Nationalismus", „Sozialismus", „Hexenverbrennung", „Spiritismus", „Freie Liebe" und zuoberst „Negerverehrung". Die recht gegensätzlichen „-ismen" sind unter dem Überbegriff „Ego-"ismus (in den oberen Ecken) zusammengefaßt. – „Ich hasse die Yankee-Nation und alles, was sie tut", wie es in einem Lied der Nachkriegszeit hieß.

Hunger im Süden: Ein gehörnter Jeff Davis hat seinen hohlwangigen Landsleuten auf dieser Karikatur aus dem „Harper's Weekly" einen „Tag des Fastens und des Gebets" verordnet. Die Wirtschaft des Südens brach im letzten Kriegsjahr vollständig zusammen. Die katastrophale Inflation spiegelte diese Entwicklung. Der konföderierte Papierdollar war im Mai 1861 1 Dollar 10 in Gold wert, Ende 1862 brauchte es für die Goldwährung 3 Dollar, Anfang 1864 20 Dollar, im März 1865 70 Dollar; dann versank er in völliger Wertlosigkeit. Auch im Norden gab es Inflation, im Sommer 1864 wurde mit einem Golddollar für 2.59 Papierdollars („greenbacks") der Tiefpunkt erreicht, dann ging es wieder aufwärts.

Die letzten Bastionen an der Küste: Zwischen August 1864 und Januar 1865 wurde die Konföderation völlig von der Welt isoliert, als ihre letzten funktionsfähigen Häfen von den Unionsstreitkräften genommen wurden.

Aufmarsch der Flotte: 59 Schiffe mit 627 Geschützen näherten sich am 13. Januar 1865 Fort Fisher bei Wilmington in North Carolina und feuerten in drei Tagen 20 000 Geschosse schwerster Kaliber ab. Dann griffen gelandete Truppen an und erstürmten nach erbitterten Kämpfen am 15. Januar die Werke. (Library of Congress)

Die Unionsflagge über Fort Morgan: Am 23. August 1864 kapitulierte die letzte Festung, die den Hafen von Mobile in Alabama verteidigte, nachdem Farraguts Flotte am 5. August zwischen den Forts durchgebrochen war. (Miller's Photographic History of the Civil War)

Fort Fisher nach dem Kampf: Die Erd- und Sandtraversen zeigen weit weniger Wirkung als herkömmliche gemauerte Befestigungen, aber zahlreiche Geschütze sind demontiert. Im Sand liegen Kanonenkugeln, die über das Ziel hinweggegangen sind.
(U.S. Military History Institute, Carlisle Barracks, Pa.)

Kinder und Greise: „Wenn schon Wiegen und Gräber beraubt werden müssen, kann der Widerstand, den die Truppen der Union finden werden, kein erheblicher mehr sein", schrieb General Grant. Der Süden hatte seine letzten Reserven mobilisiert. Barfuß und mit einem Bajonettstich in der Brust liegt ein Halbwüchsiger in einem Schützengraben.
(Library of Congress)

Grimmig blickt der alte Mann in die Kamera, bevor er an die Front geht. (Herb Peck Jr. Collection)

Es war keineswegs persönliche Grausamkeit, Haß oder Rachedurst, die den „Attila der Neuen Welt", wie Sherman im Süden bald genannt wurde, zu seinen Maßnahmen bewogen – im Augenblick des Sieges sollte er sich als großzügiger und ritterlicher Gegner erweisen –, sondern das nüchterne Kalkül, den Schrecken zu verkürzen, eine Logik, die in der Bombenstrategie des 2. Weltkrieges ihren absurden Höhepunkt finden sollte. „Krieg ist die Hölle", erklärte er den Bürgern von Atlanta, als er sie aus ihren Häusern trieb, „um ihn zu beenden, muß man ihn so schrecklich wie möglich machen."

Ein Teil der Armee Shermans war unter dem Kommando Thomas' zurückgeblieben, um Hood zu überwachen. Dieser suchte wieder sein Heil in der Offensive und rückte im Herbst in Tennessee ein. Der Versuch, ein isoliertes Korps zu überwältigen, hatte den fürchterlich verlustreichen Frontalangriff auf Franklin am 30. November 1864 zur Folge. Dann machte Hood sich daran, Thomas in Nashville zu blockieren, der aber am 15. und 16. Dezember mit seinen 50 000 Mann die 23 000 Konföderierten angriff und sie in voller Auflösung vom Feld trieb. Es war die letzte größere Schlacht im Westen.

Sherman wandte sich zu Beginn des neuen Jahres von Savannah nach Norden und drang in die Carolinas ein. Eine zusammengewürfelte konföderierte Armee unter Joe Johnston konnte nicht mehr tun, als lokale Abwehrkämpfe zu führen. Der westliche Kriegsschauplatz war in den Osten gerückt, der Zeitpunkt schien nicht mehr fern, daß Sherman in Virginia eintraf, um sich mit Grant zur Vernichtung Lees zu vereinigen.

Die Grabenfronten bei Petersburg hatten sich inzwischen immer mehr in die Länge gezogen, und am 1. April 1865 zerriß die konföderierte Front. Lee entschloß sich, das so lange siegreich verteidigte Richmond aufzugeben und sich mit seiner Armee nach Westen in die Berge durchzuschlagen, um dann die Verbindung mit Joe Johnstons Truppen in North Carolina zu suchen. Grant wollte seinen Gegner auf keinen Fall entkommen lassen und brach zu einer energischen Verfolgung auf. Am 3. April zogen die Unionstruppen in die brennende Hauptstadt der Konföderation ein. In den nächsten Tagen kam es laufend zu verlustreichen Rückzugsgefechten; Sheridans Kavallerie hetzte die dahinschmelzende Armee von Nordvirginia, fiel ihr in die Flanken, überholte sie und schnitt ihr den Weg ab. Am 9. April sah sich Lee bei Appomattox Court House mit den ihm verbliebenen 28 000 Mann von 130 000 Unionssoldaten eingeschlossen. „Ich hätte nur einmal an der Front entlangzureiten brauchen, und alles wäre vorbei gewesen – aber wir haben die Pflicht, weiterzuleben", sagte Lee, und er ritt zu Grant, obwohl er lieber „hunderttausend Tode gestorben wäre".

Die Kapitulation von Appomattox beendete faktisch den Krieg. Zwar dauerte er noch bis Ende Mai 1865, bis alle größeren Verbände der Konföderierten im Süden und im Westen die Waffen gestreckt hatten, aber es kam in der Zwischenzeit zu keinen nennenswerten Kampfhandlungen mehr. Die geschlagenen „Rebellen" erhielten überall ehrenhafte Bedingungen und durften unverzüglich nach Hause gehen. Der Krieg der Soldaten endete in einer Stimmung gegenseitiger Achtung und Versöhnlichkeit, die für einen Bürgerkrieg einzigartig sein dürfte. Für den Krieg der Politiker galt das ganz und gar nicht.

„Mit Groll gegen niemanden; mit Milde für alle; mit Festigkeit für das Recht, wie Gott uns das Recht erkennen läßt, so wollen wir darum ringen, das Werk zu beenden, das wir begonnen haben; die Wunden der Nation zu verbinden; für den zu sorgen, der die Last des Kampfes getragen hat, für seine Witwe, seine Waise – alles zu tun, was einen gerechten und dauerhaften Frieden zwischen uns selbst und mit anderen Völkern herbeiführen und sichern kann." Mit diesen Worten hatte Präsident Lincoln die Rede bei seiner zweiten Vereidigung am 4. März 1865 beendet. Er wollte es dem besiegten und gedemütigten Süden so leicht wie möglich machen, in den Verband der Vereinigten Staaten zurückzukehren. Da Lincoln der Ansicht war, die Verfassung lasse die Sezession nicht zu, hatte für ihn eine solche auch gar nicht wirklich stattgefunden. Bereits wenn 10% der Wähler eines Rebellenstaates der Union den Treueid geleistet und

„Der Freiheit eine Straße": So nannten die Nordstaatler in einem Lied euphemistisch den Streifen totaler Verwüstung, den sie Ende 1864 bei ihrem Marsch an die See durch Georgia legten. Auf dem Photo wird gerade eine Eisenbahnanlage bei Atlanta zerstört. (Library of Congress)

Die See ist erreicht: Sherman nimmt am 22. Dezember 1864 die Parade seiner Truppen auf der Bay Street von Savannah, Georgia, ab. „Ich erlaube mir, Ihnen als Weihnachtsgeschenk die Stadt Savannah mit 150 schweren Geschützen und einem großen Munitionsvorrat sowie 25 000 Ballen Baumwolle zu überreichen", schrieb Sherman an diesem Tag an Lincoln. Es war eine große Erleichterung für den Norden, denn es hatte seit dem Abmarsch von Atlanta keinerlei Kontakt mit dieser Armee gegeben. (Library of Congress)

Auf der Flucht: Hunderttausende, vor allem Frauen und Kinder, wurden im Süden während der letzten Kriegsmonate obdachlos. Die Familie mit der pfeiferauchenden Mutter gehört zu den „kleinen Weißen", die nicht weniger unter dem Krieg zu leiden hatten als die „großen Pflanzer" und Sklavenbesitzer. (Library of Congress)

Inmitten einer zusammenbrechenden Ordnung: Negerkinder in den Ruinen von Charleston, South Carolina. Aufnahme von George N. Barnard, April 1865. (Library of Congress)

Ende einer stolzen Armee: Auf dem Rückzug von Richmond schmolz Lees sieggewohnte Armee von Nordvirginia unter den Schlägen der Verfolger zusammen. Die Zeichnung von Alfred Waud zeigt die „Letzten von Ewells Korps" am Abend des 6. April 1865. (Library of Congress)

„. . .und lieber würde ich tausend Tode sterben": General Lee verläßt kurz vor 16 Uhr am 9. April 1865 das McLean-Haus in Appomattox, nachdem er die Kapitulation seiner Armee unterzeichnet hat. Ein Unionsgeneral beschrieb die Szene: „Alles drückte die Trauer aus, die ihn überwältigte, und er hatte das persönliche Mitgefühl aller, die ihn in diesem Augenblick schwerster Bewährung beobachteten. Als man ihm sein Pferd brachte, wurde er aus seiner Versunkenheit gerissen, und er stieg unverzüglich auf. General Grant stieg nun die Veranda herab, und nachdem er sich Lee zugewandt hatte, salutierte er, indem er seinen Hut zog. All unsere anwesenden Offiziere folgten dieser Geste der Höflichkeit; Lee zog gleichfalls in Achtung den Hut und ritt fort, um die traurige Nachricht den tapferen Männern zu eröffnen, die er so lange geführt hatte." (Library of Congress)

Vor der letzten Offensive: Gut ernährt und bestens ausgerüstet erwarten die Nordstaatler in den Gräben vor Petersburg im Frühjahr 1865 das Zeichen zum Angriff. (National Archives)

die Sklavenemanzipation anerkannt hatten, sollte der Staat wieder alle seine Rechte im Bund zurückerhalten.

Gegen diesen großzügigen, bereits Ende 1863 verkündeten Plan Lincolns zog nun der radikale Flügel der Republikanischen Partei mit Vehemenz zu Felde. Nicht der Präsident, sondern der Kongreß hatte nach ihrer Überzeugung zu entscheiden, wie beim „Wiederaufbau" der Südstaaten zu verfahren sei, und die Südstaaten hatten zu büßen, bevor sie als neue Staaten, nicht als alte, in die Union zugelassen wurden. Bis dahin sollte Besatzungsrecht gelten, das vor allem dazu gebraucht werden sollte, die Macht der alten Führungsschichten endgültig zu brechen und die Rechte der Schwarzen zu sichern.

Am 31. Dezember 1865 wurde nach langen Auseinandersetzungen der 13. Verfassungszusatz vom Repräsentantenhaus mit der erforderlichen Zweidrittelmehrheit angenommen. Damit wurde die Sklaverei auf dem gesamten Gebiet der USA für abgeschafft erklärt, aus der provisorischen Kriegsmaßnahme Lincolns war ein fester Bestandteil der Verfassung geworden. Bis zu diesem Punkt waren sich der Präsident und der mittlerweile von den Radikalen kontrollierte Kongreß einig, gegen die anderen Pläne seiner parteiinternen Gegner war Lincoln entschlossen, sein Veto einzulegen. Die Machtprobe sollte aber erst sein Nachfolger austragen müssen, denn wenige Tage nach der Kapitulation Lees, am 14. April 1865, fiel der große Präsident dem Pistolenschuß eines Fanatikers zum Opfer.

Der Tod Lincolns stand am Ende des vierjährigen Massensterbens. Für den triumphierenden Norden begann das „Vergoldete Zeitalter", eine Epoche der Expansion, des Nationalismus, des neuen Reichtums und der sozialen Gegensätze, für den ruinierten Süden die „Tragische Aera" der „Reconstruction", des Wiederaufbaus, die geprägt war von Haß und Rache, von halb durchgeführten Reformen und erbitterter Reaktion, von Unterdrückung und blutigem Gegenterror, und deren Hauptopfer letztlich die vom Norden im Stich gelassenen Neger werden sollten. Bis heute hat der Süden die tiefen Wunden, die Krieg und Wiederaufbau ihm geschlagen haben, nicht vergessen.

Die Einheit der Nation war erhalten worden, aber es war eine andere Nation als die, die 1861 in naiver Unschuld in den großen Krieg gezogen war. Alles hatte sich verändert, und niemand wußte so recht, wie es gekommen war und wohin es führen sollte.

Leitbild des Südens: Lee verkörperte für seine Landsleute wie für den Gegner alles, was edel war an der Sache, für die er gekämpft hatte. Er setzte sich nach dem Krieg für die Wiederversöhnung ein und starb 1870 als Direktor der Washington Universität in Lexington, Virginia.
(National Archives)

Der Märtyrer-Präsident: Die letzte Aufnahme Lincolns, vom 10. April 1865, läßt erschütternd die Spuren der Kriegsjahre in seinem Gesicht erkennen.
(Frederick Hill Meserve Collection)

„Ohne Groll gegen irgend jemanden": Abraham Lincoln (am Tischchen auf der Tribüne stehend) hält vor dem Kapitol in Washington am 4. März 1865 seine zweite Amtseinführungsrede.
(Library of Congress)

Der Mann, der Schicksal spielte: John Wilkes Booth (1838 – 1865) entstammte einer berühmten Schauspielerfamilie. Die Aufnahme aus der Vorkriegszeit zeigt ihn (links), noch ohne den Schnurrbart, den er später trug, zusammen mit seinen Brüdern Edwin (Mitte) und Junius jr. in einer Inszenierung von Shakespeares „Julius Caesar", einem Stück über Verschwörung und Tyrannenmord. Als fanatischer und individualistischer Parteigänger der Südstaaten plante er die Entführung des Präsidenten, und als diese sich nicht realisieren ließ, beschloß er den Mord.
(Museum of the City of New York)

Der Schauplatz: Ford's Theatre in Washington. Der übersinnlich veranlagte Lincoln berichtete am 14. April, einem Karfreitag, er habe wieder einen Traum gehabt, den er schon verschiedentlich am Vorabend großer Ereignisse geträumt hatte: Ein Schiff bewegte sich mit großer Geschwindigkeit auf ein dunkles, unbekanntes Ufer zu. Am Abend ging er in das Theater, um sich die Komödie „Unser Vetter aus Amerika" anzuschauen. Kurz nach 22 Uhr betrat Booth die unbewachte Präsidentenloge und schoß Lincoln von hinten mit einer kleinen Pistole durch den Kopf.
(Library of Congress)

Der Norden trauert: Am 15. April, um 7.22 morgens, erlag Lincoln seiner Verwundung, ohne das Bewußtsein wieder erlangt zu haben. In einem langen Eisenbahnzug wurde der Sarg ins heimatliche Springfield in Illinois gebracht. Überall nahmen Tausende von ausgewählten Menschen Abschied von der rätselhaftesten Persönlichkeit, die je im Weißen Haus regiert hat.

Der Trauerzug.
(Illinois Central Railroad)

Das Ende der Verschwörer:
Am 7. Juli 1865 wurden in Washington vier Personen, die in Booths Attentat verwickelt waren, gehängt. Es war eine der wenigen Hinrichtungen, die der Krieg nach sich zog. Booth selbst war bei einem Feuerwechsel in Virginia ums Leben gekommen.
(Library of Congress)

Die Hauptstadt der Union im Frühjahr 1865: Siegesparade auf der Pennsylvania Avenue. Zwei Tage lang, am 23. und 24. Mai 1865, defilierten die Armeen Grants und Shermans durch die Straßen der Hauptstadt.
(Library of Congress)

NACHWORT

„Und war da an diesem Krieg nicht etwas Grandioses, eine innere Bewährung von unvergänglicher Größe? Wir beklagen uns über die Zeiten und über den Materialismus, der in diesem Lande herrscht, und das mit Recht. Aber wie kommt es dann, daß inmitten dieser ganzen schmutzigen Gier – dieser völligen Hingabe Amerikas an den Geldgewinn um jeden Preis, dieser Nichtachtung für alles, was nicht mit Geschäft und Profit zu tun hat –, daß inmitten von alledem ein Krieg geführt wird für eine bloße Idee, eine Abstraktion? Ein Traum, eine Erinnerung, und sonst nichts, herrisch im tiefsten Grunde, schlägt hoch zu einer großen Lohe, einem Flächenbrand, der sich in rasender Schnelle ausbreitet und tobend alles erfaßt; zwei widerstreitende Gestalten nimmt dieser Traum an, einmal in der Sache der Union, und dann in der anderen – einem fremden, tödlichen Fragezeichen, das schwer zu bestimmen ist, mit – können wir es jetzt nicht gefahrlos zugeben? – ja, mit großartigen, lichten Seiten, dem hellen Schein edelsten Heldentums, Tapferkeit, Ausdauer, einer stets bewußten Entschiedenheit, die die unheilvolle Düsternis ihres Wesens durchglühen.

Im ganzen – welch ein klar umrissenes, geschlossenes Feld des Kampfes – der Geist, die Arroganz, die grimmige Härte des Südens; die endlosen Augenblicke tiefster Dunkelheit; und dann der allgemeine, der nationale Wille, der unter allem schwelt und hinter allem steht, alles erfaßt, nicht einmal wirklich ins Schwanken gerät – nicht einen Tag, nicht eine Stunde. Was könnte, kann je größer sein?

Ich bin sicher, daß die Vereinigten Staaten durch diesen Krieg und seine Folgen – und nur durch ihn und diese – jetzt in den Stand gesetzt sind, ihre eigentliche Laufbahn in der Geschichte zu beginnen und daß sie sie auch ganz gewiß beginnen werden, nicht mehr zerrissen und geteilt bis in den Lebensnerv, sondern als eine große geschlossene Nation von ausnahmslos freien Staaten, eine moralische und politische Einheit in Verschiedenheit, wie sie die Natur in ihren größten Schöpfungen zeigt, und viel größer noch als die Werke bloßer Natur."

So charakterisiert der Dichter Walt Whitman, der über zwei Jahre lang als freiwilliger Sanitäter am Schmerzenslager Tausender von verwundeten und kranken Soldaten beider Seiten gestanden hat, den großen Bürgerkrieg seines Landes. Die Würdigung enthält alle wesentlichen Züge, die die „nationale" Interpretation des Krieges bestimmen sollten, die heute noch, jedenfalls in der populären Geschichtsauffassung, die dominierende ist – eine tragische, aber unvermeidliche Bewährungsprobe des demokratischen Systems im allgemeinen und der amerikanischen Nation im besonderen, ein idealistischer Aufschwung von Tapferkeit und Opferbereitschaft, der beide Seiten, Nord und Süd gleichermaßen, erhebt und ehrt, die Geburt einer neuen, gestärkten Nation aus Blut und Feuer. Der Norden hatte die Einheit der Union gerettet und damit den Aufstieg der USA zur Weltmacht eingeleitet, er hatte die Sklaverei beseitigt und so das Land in seiner Gesamtheit von einem unheilvollen Makel befreit. Dem Süden war die tragische Rolle des den schicksalsschweren Kampf notwendigerweise auslösenden und verlierenden heroischen Gegenspielers zugefallen, aber er konnte sich mit einem romantischen,

„The Lost Cause" – „Die verlorene Sache": gefallener Konföderierter, Petersburg, 2. April 1865. (Library of Congress)

rückwärtsgewandten Realitätsersatz trösten, dem Mythos von der „verlorenen Sache", der auf die Nachwelt eine faszinierendere Wirkung ausübte als die Geschichte der siegreichen Nordstaaten.

„Revisionistische" Historiker haben diese harmonisierende, sinnstiftende Tradition angegriffen und in dem Krieg weniger den Triumph von nationalem Gedanken, Freiheit und Demokratie gesehen als den von Industrie und Kapital über „den Aufstand der ländlichen Erde wider das Zeitalter der Maschinen, den Dampf", den des Zentralismus über den Regionalismus, den der nationalen Disziplin über den Individualismus, den des Fanatismus über die Kompromißbereitschaft, und sie haben bezweifelt, ob die gewaltsame Abschaffung der Sklaverei unter Verzicht auf eine konsequente Umgestaltung der Gesellschaft im Süden wirklich ein Segen für die Neger gewesen sei und ob eine friedliche, schrittweise Emanzipation nicht langfristig günstigere Resultate gebracht hätte. Der Krieg war nach Ansicht dieser Historiker ebensowenig ein „unvermeidlicher Konflikt", wie andere Kriege es sind, sondern ein überflüssiger Unglücksfall für die Nation, ausgelöst durch verantwortungslose Agitatoren und Hitzköpfe auf beiden Seiten, die die Atmosphäre vergifteten und unblutige Lösungen verhinderten – der Bürgerkrieg also nicht als Bewährung, sondern als Zusammenbruch des demokratischen Prozesses. Wie auch immer man sein Zustandekommen beurteilen mag, der Krieg und seine Ergebnisse sind Tatsachen, und nur diese zählen für den Fortgang der Geschichte. Durch die Rolle der USA in der Politik des 20. Jahrhunderts gewannen diese Tatsachen eine welthistorische Bedeutung, die nur wenige der Zeitgenossen ganz wahrgenommen haben. Für die Amerikaner ist der Bürgerkrieg neben, vielleicht sogar noch vor dem Unabhängigkeitskrieg und der Eroberung des Westens, das zentrale Ereignis ihrer Vergangenheit, zugleich aber hat er als eines der großen exemplarischen Dramen der Menschheitsgeschichte seine Aussagekraft über die Zeiten hinweg nicht verloren und in aller Welt die Menschen immer wieder berührt und in seinen Bann geschlagen.

Zum Abschluß darf ich noch einer Reihe von Personen und Institutionen meinen Dank ausdrücken, die mit großem Einsatz bei der Fertigstellung dieses Buches in der einen oder anderen Weise geholfen haben. Die unerwartete Bilderflut stellte hohe Anforderungen an die Geduld und die Flexibilität des Verlages, und er hat beides in schönster Weise bewiesen. Besonders danken darf ich Frau Dr. Barbara Meili, die das Buch als Lektorin betreut und nie die Zuversicht verloren hat. Dipl.-Ing. Günther Grohmann und Dr. Nikolaus Grohmann, München, haben in mühseliger Arbeit die Karten gezeichnet, Lynn Spiegl und Hannes Keh, Reichling, umfangreiche Photoarbeiten geleistet. Das Manuskript wurde in eifrigem Einsatz von Frau Roswitha Froschhammer und Frau Undine Guggenberger, Schierling, abgetippt. Frau Sabine Awiszus M.A., München, hat sich in aufopfernder Weise der Korrespondenz mit den verschiedenen Instituten in den USA angenommen, das Amerikahaus in München, besonders Frau Pidalà, war sehr hilfsbereit bei der Ermittlung von Adressen und Hilfsmitteln. Die Mitarbeiter vieler amerikanischer Museen und Archive haben uns bei der Beschaffung des Bildmaterials in zuvorkommender Weise unterstützt, stellvertretend für viele sei hier Ms. Rebecca Ansell vom Museum of the Confederacy in Richmond, Virginia, genannt. In organisatorischer Hinsicht habe ich vielfache Unterstützung genossen durch Familie Dr. Rainer Heilmann, Oberschleißheim, Herrn Oberstleutnant Friedrich Bronsart, Weiden, Herrn Jürgen Woltz, München, Herrn Walter Post M. A., München, und Mr. Dan Petersen, Frankfurt a. M. Schließlich sei noch des Ehepaars Harry F. Bauserman aus Falls Church, Virginia, dankbar gedacht, die mich so oft zu den Schauplätzen des Geschehens begleitet haben. Ihnen ist dieses Buch gewidmet.